ストック
セールス

THE EXPANSION SALE

FOUR MUST-WIN CONVERSATIONS TO KEEP AND GROW YOUR CUSTOMERS

顧客が
雪だるま式に
増えていく
「4つのメッセージモデル」

エリック・ピーターソン
ティム・リーステラー
著

神田昌典
リブ・コンサルティング
日本語版監修

福井久美子
訳

実業之日本社

実証された「伝え方の科学」で、累積的売上（ストックセール）をつくる本

神田昌典

統計分析で、効果実証済！
売上拡大を約束する
「4つのメッセージモデル」

　ショックだった。マーケッターなら、誰もが知っている「PASONAの法則」は、間違いだったのだ。

　「PASONAの法則」とは、私が1999年に開発したコピーライティング技術であり、「問題(P)」「共感(A)」「解決(So)」「適合(N)」「行動(A)」の順番に、伝えるべきことを伝えると、劇的に売上があがるという文章構成モデルである。顧客の立場にたって、あなたが提供する価値を、わかりやすく伝えられるようになるので、効果的な基礎スキルであることは、今も変わらないのだが――。

　本書による実証研究によれば、使う状況を間違えると、「PASONAの法則」は、逆効果になりかねないというのだ。これは、売上増に懸命にとりくむ、企業の営業責任者にとって、一大事だ。そこで、本書が実証した結果を、今すぐ、ご理解いただくために、図式化すると、次のようになる。

　要するに、本書の研究によれば、顧客が、「新規か? リピートか?」の違いによって、伝え方を大幅に変えなければならない。

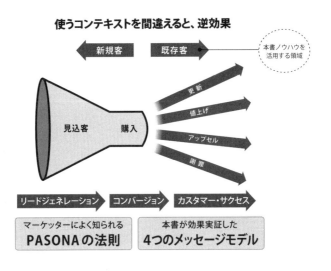

使うコンテキストを間違えると、逆効果

本書ノウハウを活用する領域

新規客　既存客

見込客　購入

更新
値上げ
アップセル
謝罪

リードジェネレーション　コンバージョン　カスタマー・サクセス

マーケッターによく知られる
PASONAの法則

本書が効果実証した
4つのメッセージモデル

　この結果は、多くの企業が、営業目標を、長期にわたる顧客との関係強化に重点をおいている今、とくにインパクトが大きい。なぜなら、**新規客の獲得に効果的なメッセージを、既存客に伝えると、流出が加速するリスクが高くなる。つまり、営業を頑張るほどに、お得意様が離れてしまいかねない……**からだ。

　ただ、読者のあなたには、朗報がある。

　売上拡大効果のあるメッセージモデルといえば、いままで「PASONAの法則」一択だったが、本書読後は、さらに**4つのメッセージモデルを入手することになる。その結果、あなた**

は、次の４つの営業シーンにおいて、常に最大効果をあげられるようになる。

【効果実証済の、４つの営業シーン】

□ 取引継続・更新を促すとき
□ 値上げを働きかけるとき
□ 取引拡大を提案するとき（＝アップセル）
□ 謝罪するとき

　上記の、営業シーンの、ひとつひとつで、ほんの少しでも、反応率・成約率をあげられるようになると、売上は、雪だるま式に増えていく。また、この実践は、特別なデジタルツールを導入する必要がなないため、コスト増にもならない。私たちが使う「言葉の選択」だけで効果を得られるから、デジタル化に立ち遅れた会社でも活用できる。

　しかも、本書は、分かりやすい。学術論文に匹敵する厳密な分析を行いながらも、その研究結果を、イラストで解説。**具体的な文面が豊富に掲載**されているから、マーケティングや営業の初心者でも、すぐに活用し効果を実感できる、類書のない実用書である。

現状維持バイアスの調整が、
スムーズな変革を実現する

それにしても、「既存客からの売上拡大をもたらすメッセージモデルの確立」というニッチな、しかしながら業績インパクトが極めて大きい研究に目をつけた、本書の著者たちは、どのような背景をもっていたのだろうか？

意外だったのは、彼らの関心事項は、「営業」そのものではなかった。

二人の著者、エリック・ピーターソン氏と、ティム・リーステラー氏は、行動経済学や社会心理学を駆使した「意思決定の科学」を探究してきた人物であり、彼らのアプローチは、まさに「科学」と表現するのが相応しい。

どれほど彼らが科学的かを示す、具体的研究プロセスを追ってみると――。

まず、彼らは、「更新」という１つの目的に対して、３つの異なるメッセージを用意した。それは、顧客に「何を」伝えるかだけではなく、「何を・どの順番で」伝えるかという、会話の展開パターンを変えたシナリオであり、しかも、それぞれのシナリオに対して　①顧客が感じる信頼性　②他社への流出意向　③更新意向に、どのように影響を与えるかを調

7

べ上げた。最後に、どの伝え方が効果的だったかについて、数値検証を行った。

こうした丹念な実証プロセスを通して、再現性あるメッセージモデルが割り出されることになった。

このメッセージモデルを活用すれば、更新率が高まり、流出率が下がり、値上げが受入れられ、新提案が通りやすく、また紹介が促進される。さらに仮にミスを起こしても、謝罪を機に顧客関係性を強化できる。このように真に、いいことづくしにも関わらず、メッセージモデルという考え方が、今まで広がらなかったのは、なぜだろう？

その理由は、シンプル——顧客に変化を迫っていながら、実は、あなたの会社自身も、現状を変えたくないからだ。どの会社も顧客第一主義を声高に唱えるものの、顧客の状況に合わせて、現状の商品仕様を変えることは、難しい。仕様どころか、実際には、プレゼン資料の数ページも作り直すのも、やっかいだ。だから、変革をはじめたとたん、現状維持勢力が強化され、変革が阻まれる。

このような訳で、組織を変革できないのは、あなたの所為ではないし、上司の所為でもない。現状維持しようとする力（＝現状維持バイアス）は、そもそも組織に内在するメカニズムなの

である。

　しかし、**人や組織が変わりたくないときでも、スムーズに変化を起こす、最高の方法**がある。お金もかからないし、手間もかからない。

　それが、**現状維持バイアスを、「時に強化し、時に緩和する」**ことで、発展を後押しする、4つのメッセージモデルである。

意思決定の科学により、拡大できるのは、売上だけじゃない

「必要な変化を、必要なタイミングで起こすには？」という課題意識をもって本書を読むなら、あなたは、変わらない組織を動かしていくための、武器を手にいれたようなものだ。他社を変える前に、自社を変えはじめることもできる。そうすると、**あなたは売上を拡大するだけではなく、自分自身が活躍するフィールドを拡大**することができる。その意味で、本書の、4つのメッセージモデルをお使いいただきたいのは、マーケッターや営業責任者だけでなく、組織においてリーダーシップを発揮する立場の方である。

　メッセージモデルは、ビジネス分野を超えて考えた場合、家庭においても、国家においても、応用可能だ。

ご参考までに、営業分野を超えて、本書を活用する場合の指針をご提供しておきたい。

現状維持バイアスをコントロールする
メッセージモデルは、国をも動かす

目的	営業	経営	家庭	政治
メッセージモデルを活用できる4つのシーン	契約更新	強みの維持	円満	再選
	値上げ	収益UP	収入UP	増税
	取引拡大	変革浸透	活動拡大	予算拡大
	謝罪	責任強化	信頼強化	信任強化

　このように「伝え方」次第で、現状維持バイアスを調整できるようになると、あなたは、**スムーズな変革を実現するチームリーダーとしての能力と経験が培われる**ことになる。

　一方、メッセージモデルを知らなければ、変革プロセスにおいて、致命的な間違いを犯しかねない。たとえば、本来、安定しなければならない家庭生活において、「自分たちも、変わらなければ！」と、夫が変革を促せば、「それでは、結婚生活自体を再考しよう」と、妻が思いつき、離婚に向かってしまう危険性がある。また再選を狙う政治家が、「変わらなきゃ」というキャッチコピーを使えば、有権者は「そのとおり！」と気づいて、別候補者に投票しかねない。

　このように本書は、家庭人から経営トップまで、それぞれの

分野で、スムーズな変革に取り組む読者を強力に支援するが
——私は、できれば、日本のリーダーたちに、本書ノウハウを
学んでいただきたいと思う。

　なぜなら日本人は、あまりにも口下手だ。東京オリンピック
開催に向けての対応にしても、コロナ禍におけるワクチン接種
の促進にしても、ビジョンがまったく伝わってこず、不安ばか
りが引き起こされた。リーダー不在のような印象を、国民に与
えてしまうのは、単に言葉が足りないだけだ。

　本書により、「何を・どの順番で」伝えればいいのかというメッ
セージモデルを一度、覚えてしまえば、売上拡大から、組織運
営、さらには社会変革まで、あなたは生涯にわたって、圧倒的
な自信をもって対応できるようになるだろう。

　そのためにも、本書を、2回は読んでいただきたい。
　1回目は、イラストや図表をざっと眺めることで、全体像を
理解してほしい。緻密な実証プロセスを理解しながらも、自分
にとって、使えるポイントが見えてくるだろう。
　2回目は、4つのメッセージモデルを、ノートに書き出して
みよう。
　そして必要に応じ、モデルを見返しながら、自分の仕事で活
用するメッセージを書いてみよう。それを実際に使ってみると、
あまりにもスムーズに変化が起こりはじめるので、驚くはずだ。

それでは、こうしている間にも、**伝える言葉の選択ミスにより、あなたの会社から、大切な顧客が流出**しているかもしれない。

　今、起こっている損失を回避するため、早速、４つのメッセージモデルを確認していただきたい　☞

Contents

Contents

第2部
ビジネスの拡大に効果的な
メッセージの伝え方

Contents

『ストックセールス』に対する賞賛の声

ティム、エリック、そして彼らが運営するコーポレート・ビジョンズは、何年にもわたって、企業間取引の営業術に関する極めて精密な研究をいくつか行っている。そして既存顧客に対する営業と、見込み顧客を獲得するための営業とでは、厳密には何が違うのかについて説得力のある洞察を得ている。彼らは本書で、そうした洞察を戦術へと変えて、あらゆる企業がそれぞれの顧客エンゲージメント計画やビジネス拡大計画に組み込めるようにした。

ニック・メータ
ゲインサイト社CEO
『カスタマー・サクセス──サブスクリプション時代に求められる
「顧客の成功」10の原則』（英治出版）の著者

成長を加速させたい企業は、しばしば現在の顧客基盤に埋もれている金鉱を無視して、新規顧客の獲得に注力しがちだ。この本は、営業、マーケティング、およびカスタマー・サービスのリーダーたちに、利益が見込めるこの深い金鉱脈をうまく活用するための、実証済みで実践的で確実なアプローチを教示してくれる。

ティファニー・ボヴァ
セールスフォース社における顧客に成長および
イノベーションをもたらす伝道者
ベストセラーとなった『Growth IQ（成長IQ）』（未邦訳）の著者

既存顧客と接するBtoB企業の社員にとって、きわめて重要な本だ。マーケッターや営業担当者が既存顧客と重要な商談を行う際には、それぞれの目的に合わせてアプローチを変える必要があることが調査からわかった。

ニック・リー博士

ウォーリック・ビジネス・スクール教授（専門分野はマーケティング）、コーポレート・ビジョンズのリサーチ・パートナー

コーポレート・ビジョンズによる『ストックセールス』は、戦略的マネージャーやキー・アカウント・マネージャーにとっての必読書だ。クライアントのレベルや部署に関係なく、ビジネス関係を拡大することは、彼らにとってもっとも重要な役割だからだ。本書で紹介されている4つの商機での会話は、アカウント・マネージャーがまさに日常的に責任を担わなければならない基本的な業務でもある。

デニース・フライヤー

ストラテジック・アカウント・マネジメント・アソシエイション（SAMA）社長兼CEO

日常的なさまざまな状況において既存顧客とやり取りするものの、それをどうすれば最大限に活用できるかは、これまで驚くほど注目されてこなかった。だがこの革新的な本は、このテーマについて斬新な調査を行い、その結果を詳細にまとめている。何よりも、既存顧客とのビジネス拡大を目指すエグゼクティブのために、これらの調査から実践的なガイダンスを導き出している。

ニック・ディ・セント

『インターナショナル・ジャーナル・オブ・セールス・トランスフォーメーション』誌編集長

調査に関する解説

....

　非常に学術的な研究を読むたびに、わたしたちはいつもその
学術的な偏狭ぶりに驚かされる。研究者は確保しやすそうな協
力者たちを被験者に選ぶ傾向がある――つまり大学院生やギャ
ンブラーや囚人などだ。ごく限られた人々の傾向を知るには良
いが、得られた結果がどれほど「現実の世界」に則したものに
なるのかという疑問を、わたしたちは抱かずにはいられなかっ
た。企業間取引の調査なのだから、実務に携わる人を被験者と
して採用しなければ意味がないのではないか？

　この本で紹介されているシミュレーションが、実際のビジネ
スマンを対象にしたものばかりなのはそのためだ。なかには購
買決定に関わるエグゼクティブも含まれている。そうとも、ま
さにあなたが顧客にしたい人たちだ。

　さらにわたしたちは、意思決定の科学の熱烈な支持者でもあ
る。「ベストプラクティス」を調査した論文や著作はたくさん
ある。しかしそれはつまり、あなたにはすでにベストプラクティ
スのバイアスがかかっており、「正しい」答えをわかった気に
なっているということだ。調査を通してわたしたちは、まさか
と思うような答えがしばしば正しい答えだと学んだ。ベストプ
ラクティスが掲げる理想からスタートすると、そうした観点が
ゆがめられてしまうだろう。

　ベストプラクティスと呼ばれるやり方には、本質的に「時間

的なずれ」がある。ベストプラクティスを特定するには何年も
かかるため、特定される頃にはごく一般的な慣行になっている。
おまけに会社と地域中心に偏りがちでもある。他方で、意思決
定の科学は買い手とその行動パターンに完全にフォーカスして
いる。しかも時代に関係なく、世界中で適用できる。

　最後に、本書ではいくつかの産業調査を引用したが、これら
の調査結果だけを頼りに結論を出しているわけではない。調査
は顧客の最近の思考パターンを知るための1つの手段に過ぎな
い。事実、人々がこう思うと口で言うこと（「選好意識」）と、実
際に行動すること（「顕示選好」）との間にはしばしばギャップが
あることを、わたしたちは知っている。そのギャップのなかか
ら、にわかには信じられないような驚くべき結果が生じる。わ
たしたちはまさに、それを発見するために科学的なシミュレー
ションを行っているのだ。

　言うまでもなく、リサーチ・パートナーたちの多大な貢献な
くしては、この本は実現しなかっただろう。本書の共著者であ
るニック・リー博士と、本書の前半で紹介している顧客の維持
と更新に関する調査に協力してくれたザッカリー・トルマーラ
博士だ。

● **ニック・リー博士**は、イギリスのコベントリーにあるウォー
　　リック・ビジネス・スクールの教授で、専門はマーケティ
　　ング。およそ20年間にわたって社会心理学、認知神経科学、
　　経済学、哲学の知識を駆使して営業担当者や営業活動への

洞察を発展させてきた。

● **ザッカリー・トルマーラ博士**はメッセージ伝達や説得など
を専門とする社会心理学者だ。コーポレート・ビジョンズ
との契約のもとで、今回の調査を企画し、実験を行い、学
術的な厳密さを確保しながら経験的に有効な結果が得られ
るようサポートしてくれた。スタンフォード大学経営大学
院教授。

まえがき

　買い手にとってサブスクリプション・エコノミーは、手頃な価格ですぐに価値が手に入ることを約束するものだった。法外な値段の商品でも、低額の料金を定期的に支払えばすぐに手に入る。加入や退会のハードルも低いため、大金を投じたためにやっかいな取引に縛られることもなくなった。

　だが、この買い手に有利な契約はベンダーに何を約束したか？　顧客のニーズを満たす限り、顧客との関係から生じるライフタイムバリューは——理論上は無限に——拡大し、顧客は半永久的に契約を自動更新してくれるだろう、という期待だ。

　ところが、最近ある営業部長がこんな痛ましい言葉をもらした。

「競争の激しい市場では、更新なんて実際は再売り込みですよ」

　経常収益型のビジネスにとって、これはやっかいな前提条件だ。更新が自動的に行われなくなれば、すべての顧客関係において、更新を勧める会話がにわかに重大な場面となる。

　そこで登場するのがこの名著だ。説得力のある言葉で更新は再売り込みだと説明するだけでなく、契約を獲得するための売り込み方法と、ビジネス拡大のための売り込み方法は区別するべきだと説いている。サブスクリプション・エコノミーに合わせてサポートモデル、財務モデル、製品開発モデルを変えなければならなかったように、営業モデルも変える必要があるのだ。

　ティム、エリック、そして彼らが運営するコーポレート・ビジョンズは、何年にもわたって、企業間取引の営業術に関するもっとも精密な研究をいくつか行っている。そして、既存顧客に対する営業と、見込み顧客を獲得するための営業とでは、厳密には何が違うのかについて説得力のある洞察を得ている。彼らは本書で、そうした洞察を戦術へと変えて、あらゆる企業がそれぞれの顧客エンゲージメント計画やビジネス拡大計画に組み込めるようにした。

　しかし、科学的な物事にこだわるわたしが、この本のなかで気に入っているのは、売買の心理に関する数々の興味深い洞察だ。わたしと同じように、読者もこの本に魅了されますように。

ニック・メータ

ゲインサイト社CEO

序章

　この本の著者の1人であるティムは、アメリカの中西部で生まれ育ったせいか、竜巻に対して異常な恐怖心を抱いている。幸いにも彼の町の町民たちには先見の明があり、**警報システム**を設置した。万が一竜巻の脅威が迫ってきたら、600人の全住民にサイレンで知らせる仕組みだ。

　町では毎日正午にサイレンのテスト放送が行われ、雨の日も晴れの日も、耳をつんざくような音が1分間にわたって響き渡った。しかし町民たちは、この耳をつんざくような音を無視して仕事を続ける技を身につけ、なかにはこの音を愛嬌たっぷりに「お昼の笛」と呼ぶ者もいた。

　そしてある日、忘れられない出来事が起きた。空が暗くなり、雲からゴロゴロ音が聞こえてきたのだ。そして午後3時にサイレンが鳴り響いた。テストじゃない。本物の警報だ！　公園でボール遊びをしていた13人のティーンエイジャーたちは、パニックになりながらもすぐに行動を起こした。サイレンを無視する代わりに、自転車に飛び乗り、全力でペダルを漕いで自宅の安全な地下室に避難したのだ（信頼できる目撃者によると、そのうちの数人以上がママー！　と叫んでいたという）。

　幸いにも、その日の午後、竜巻はこの小さな町を直撃しなかったし、200年におよぶ町の歴史においても、竜巻に襲われたとの公式記録はない。だが、その大騒ぎの瞬間にマーケティング、

営業、そしてカスタマー・サービスの教訓が生まれた。

　結局のところ、問題はサイレンの音ではなかった。サイレンが鳴ったときの状況にあったのだ。

　この現象は「文脈効果」と呼ばれている。文脈効果とは「刺激に対する受け止め方は、環境要因の影響を受けること」をいう。毎日正午にサイレンが大きな音で鳴り響いても、誰も気にしなかった。しかし、状況が変わって雲行きが怪しくなると、誰もがサイレンを気にして、状況にふさわしい反応をしたのだ。

　環境の違いによって、あるときは無意味だったサイレンが、次の瞬間には非常に重宝される。それはスピーカーの反響とも、音の大きさとも関係ない。

　マーケティング、営業、カスタマー・サクセスにも文脈効果は不可欠だ。人々の反応を引き出すのは製品やサービスではない。あなたのソリューションに対する彼らの認識を決定づけるのは、環境要因、つまり彼らの現在の状況なのだ。

　環境要因のなかでもっとも重要なものがある。相手が他社と取引している見込み顧客か（あるいは、どの会社とも取引していないかもしれない）、それともあなたと取引している既存顧客かどうか、だ。

　文脈効果を考慮すれば、見込み顧客と既存顧客とでは異なるメッセージを作って伝える必要がある。結局のところ、彼らを取りまく状況はまったく異なるため、あなたの刺激、つまりあなたの製品やサービスに対する反応も変わるからだ。

　おっと！　「見込み顧客と既存顧客とで、メッセージを変え

ていない」、もしくは「どう区別すればいいかわからない」だって？　それなら、ここはまさにあなたにうってつけの場所だ。この本はあなたのためにある。この本を読めば、マーケティング、営業、カスタマー・サクセスに対する考え方も、アプローチも、ガラリと変わるだろう。

このなかには、顧客獲得のメッセージと顧客拡大のメッセージの違いに関する、まったく新しい独自の研究結果が掲載されている。新規顧客を獲得する方法については多くの本が出版されているが、すでに獲得した顧客を維持してビジネスを拡大させる方法にフォーカスした本はこれが最初だろう。

とはいえ、会社に収益と成長をもたらす機会の70〜80％は既存顧客にある、と多くのアナリストは分析している。となれば、その既存顧客と適切な方法でやり取りすることがきわめて重要だ。しかしほとんどの企業は、更新やアップセルを顧客に持ちかけるときに、マーケティングも営業もカスタマー・サクセスも、最初に顧客を獲得したときと同じ画一的なアプローチを取っている。

最近の研究で、このアプローチがかなりの逆効果だとわかった。実際、既存顧客の心理と見込み顧客の心理とは180度違う。つまり顧客とのコミュニケーションに使うストーリーやスキルは、180度違うものにしなければならないということだ。

絶対に成功させなければならない4つの商機

　新規顧客を獲得したあと、カスタマーエクスペリエンス（顧客体験）や顧客満足のためにしなければならないことがいくつかある。顧客に約束した成果を実現するのはもちろん、オリエンテーション、チェンジマネジメント、採用、活用などもある。どれも重要だが、本書はこうした日常的なカスタマー・サクセス活動にはフォーカスしない。

　その代わりに、あらゆる顧客関係において絶対に失敗できない、以下の4つの商機にフォーカスしている。

1. 更新
2. 値上げ
3. アップセル
4. 謝罪

　どれも顧客を維持してビジネスを拡大させるために重要な場面であり、組織のマーケティング、営業、カスタマー・サクセスのリソースを結集させる必要がある。また、どれも収益の「マグニチュード」が最高値を記録しかねない油断できない状況であり、あなた（およびあなたの会社）の成功を左右することもしばしばだ。

　そのような瞬間には、顧客とどんな会話を交わせばいいかを決定づける、実証済みで信頼できるメッセージモデルとスキル

が必要だ。それも、意思決定の科学と、人間が価値を見出して選択するときに作用する目に見えない力に根差したメッセージモデルが。

　本書が読者に提供するのはまさにこうした武器だ。社運のかかった瞬間に、顧客に最大限のインパクトを与えるメッセージを作成して伝えるための、具体的かつ実践的で実行可能なアプローチを紹介しよう。

第 1 部

ビジネスの拡大に
効果的な
メッセージを作る

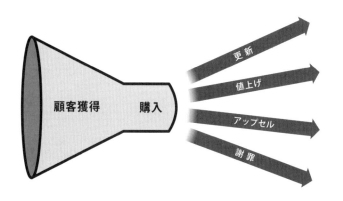

既存顧客とのビジネスを拡大させるうえでは、絶対に成功させたい4つの商機がある——顧客に契約を更新してもらう場面（現状維持を促す）、値上げを受け入れて、取引を続けてもらう場面（値上げを納得させる）、契約しているソリューションをアップグレードしてもらう、またはもっと多く購入してもらう場面（発展を促す）、そしてサービスに不具合があったときに、あなたの謝罪を受け入れてもらう場面（許しを請う）だ。第1部では、これら4つの商機で役に立つ脳科学を学び、顧客と効果的にコミュニケーションを取る方法を習得する。

　マーケッターであれ、営業担当者であれ、カスタマー・サクセスのプロであれ、こうした絶対に失敗できない顧客との会話は、得てして意図的にではなく偶然起きるものだ。本書は、既存顧客を維持してビジネスを拡大する可能性の高いメッセージは何かを検証し、もっとも効果の高いマーケティングメッセージを作るためのモデルを構築した。ここに紹介するメッセージモデルに従えば、あなたも効果的なメッセージを作れるようになるだろう。

第 1 章

新規顧客の獲得よりも
重要なこと

　多くの人がマーケティング、営業、カスタマー・サクセスなどの仕事に就くのは、科学や数学をやりたくないからだという冗談をよく耳にする。しかし、これらの仕事をやってみると、顧客の購入判断に働きかけるには科学を駆使しなければならないことがわかる（残念ながら、数学もかなり必要だ）。

　このテーマを専門的に扱う研究分野もある。「意思決定の科学」と呼ばれるその学問では、人間が価値を評価して選択する際に働く見えない力を研究している。わたしたちの著書『Conversations That Win the Complex Sale（コンプレックスセールスで成功する会話術）』（未邦訳）と『The Three Value Conversations（価値を伝える3つの会話）』（未邦訳）を読んだ人は、神経科学、社会心理学、行動経済学の影響力を使って、見込み顧客を説得してあなたの提案を選んでもらう方法を学んだことだろう。本書では、これらの見えない力を使って、見込み顧客にあなたとの既存のビジネスを拡大してくれるよう説得する方法を学ぶ。

　といっても今回はもう少しひねりがある。

意思決定の科学の原理は、契約の更新や、より高額な契約を勧める会話にも応用できる。だが、当社のパートナーであるザッカリー・トルマーラ博士とニック・リー博士が行った最新の調査で、既存顧客に対するこうした営業トークでは、これまでとはまったく異なるやり方で顧客にアプローチする必要があると判明した。

　営業とマーケティングの分野では10年以上にわたって「顧客を刺激して売る」手法が支配的だった。こうした大げさな売り方を信じていた人は、今回の発見に驚くだろう。少なくともわたしたちは驚いた。

　だが、客観的な立場に立って科学的に再検証したところ、完璧に筋が通っていることがわかった。

現状維持バイアス
——崩すべきか、擁護すべきか？

　まずは「現状維持バイアス」と呼ばれる、科学的に証明済みの意思決定概念について説明しよう。

　わたしたちの調査では、競合他社の顧客を引き抜いたり、個人のコンサルタントを説得したりするには、相手の現状維持バイアスをぐらつかせて打ち砕く必要があることがわかっている。ところが最新の調査で、現在サービスまたは商品を提供している既存顧客に対しては、現状維持バイアスを擁護し、強化しなければならないことがわかったのだ。

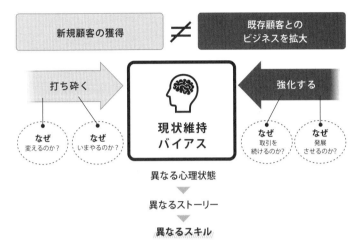

図1.1　文脈（顧客の心理状態）が異なれば、異なるストーリーと異なるスキルが必要になる。

　というのも、見込み顧客と既存顧客とでは、心のなかで問い
かける疑問が異なる。見込み顧客は、なぜ現状を変える必要が
あるのか、なぜ別の方法にするのか、なぜあとでなくいまやる
のかといった疑問を抱く。他方で、既存顧客が抱く疑問とは、
なぜあなたとの取引を続けるのか、なぜ取引額を増やすのか、
といったことだ。

　置かれた状況によって考える要素は異なる（「文脈効果」とい
う）。つまり相手によって心理は異なるということだ。だから、
相手の問いに合わせて、あなたの答えも変える必要がある。つ
まり、ストーリーもスキルも相手に合わせて変えなければなら
ないということだ（図1.1）。

現状維持バイアス

顧客の意思

① 安定を優先する傾向
② 変化に伴うコストへの懸念
③ 選択の難しさ
④ 後悔や非難への恐れ

現状維持バイアス

図1.2　現状維持バイアスのせいで、人は現状に縛られる。

　わたしたちの前書を読んだ方には内容を思い出してもらうため、初読の方には予備知識を持ってもらうために、現状維持バイアスとは何かを簡単に説明しよう。そのあとで、見込み顧客の「なぜ変えるのか？」という問いに答えるために、現状維持バイアスを崩すにはどうしたらいいかを説明しよう（図1.2）。

　心理学者のクリストファー・J・アンダーソンは「The Psychology of Doing Nothing（無為の心理学）」（未邦訳）と題する論文のなかで、現状維持バイアスを引き起こす4つの原因（「きっかけ」）を詳しく説明している――「安定を優先する傾向」、「変化に伴うコストへの懸念」、「選択の難しさ」、それから「後悔や非難への恐れ」だ(＊1)。現状維持バイアスがいかにして購買

決定に影響を与えるかを知りたい人は、ここから始めるといいだろう。どんなときに現状維持バイアスを崩すのか？　あるいは擁護するのか？　さらにはそのやり方（これが一番重要なのだが）を知るのに役立つだろう。

*1　Christopher Anderson, "The Psychology of Doing Nothing: Forms of Decision Avoidance Result from Reason and Emotion," *Psychological Bulletin*, 129 (2003): 139–167.10.1037//0033-2909.129.1.139.

1.　安定を優先する傾向 —— 人間は本能的に不確かなことを嫌う。前に下した決定によっていまがあり、その現状を気に入っている。そのため、気に入っている現状と安定性を脅かす新しい情報があれば、すぐにそれを何とかして否定しようとする。やはり安定が一番だと再確認すると、見込み顧客はよく、「わたしが既にやっている方法に似てますね」とか「みんなが言う方法によく似てますね」などと言う。

「似ている (like)」という言葉は、SNSの投稿では「いいね」を意味する心地よい言葉だが、営業の場面では「似ている」ことはネックとなる。状況を変えてもらうには、見込み顧客の現状（本書では「レギュラー」と呼ぶ）では頼りないと指摘する必要がある。すると相手はまずその提案を回避し、押し返し、心のなかで解決しようとする。

　たといまのやり方が完璧ではないと知っていても、大がか

りなチェンジマネジメントのプロジェクトを導入するリスクを
冒すほど悪くもないと正当化するのだ。

2. 変化に伴うコストへの懸念 —— 見込み顧客は、現状を
維持すればお金はかからないと考える。現状維持にかかる
コストは営業予算に組み込まれていて、社内業務を維持す
るためのものとみなしているので、あれこれ考えることは
ない。ところが、真剣に変化を検討するとなると、見込み
顧客は今後発生するコストをすべてイメージするものだ。

　既存のソリューションを導入した際にコストがかかった
のに、新しいソリューションに切り替えれば追加予算が必
要になるだろう。おまけにソリューションを変更すると、
オリエンテーション、研修、プロセスの変更に伴う追加コ
ストも発生する。そのうえ、意思決定者やユーザーの同意
を得るために、時間と労力もかかる。

　変化を起こすとなると、追加のお金と時間、それに胃痛
が伴いそうな気がするものだ。繰り返すが、既存のやり方
は完璧ではないかもしれないが、新しいプロバイダーと取
引して新しいことを始めるのは容易ではないし、リスキー
なチェンジマネジメントが必要になるため、会社にとって
も追加コストを払ってまでやる価値はないのではないかと
人々は考える。

3. 選択の難しさ —— 購入を決定するために見込み顧客が

吟味して処理しなければならない情報量は膨大なものだ。ところがマーケッターや営業担当者たちは、こうした状況に配慮することなく、ソリューションを売り込もうと大量のメッセージやコンテンツに関する情報を何度も送ってくる。そのうちに見込み顧客はあらゆる提案をシャットアウトし、どのプロバイダーも同じだと言い切って比較・検討をやめてしまう。

　脳内にある意思決定を司る領域は実にシンプルで、長々とした説明を受け入れる容量すらない。この領域に働きかけるには、相手が既にやっている方法とあなたが勧める方法の違いを明確にする必要がある。人間は、現在のやり方と同じような方法なら、あえて変えようとは判断しない。

　相手は、頭のなかで次のように考えている。

「変化はハイリスクだしお金もかかる。いまのやり方と大して変わらないものを手に入れるのに、そこまでやる必要があるのか？」

4．後悔や非難への恐れ——現状維持バイアスを引き起こす4つめの要因は実にやっかいだ。見込み顧客は心の底では、自分たちの現在のやり方が完璧ではないと気づいていて、書面で見る限りでは、あなたが提案するソリューションの方が良さそうだと認めている。しかし、その変化がうまくいかなかったらどうしようかと案じるのだ。

　彼らは、意識下でこんなことを考えている。

「いまのやり方は完璧じゃない。だけど、少なくともわたしの首はまだつながっている。あなたが提案するチェンジマネジメントのプロジェクトをわたしが推進しようものなら……今度こそ終わるかもしれないぞ」

　もちろん、文字通りそう考えているわけではないが、決断のプロセスのなかに、脳に備わった生存本能のようなものが割り込んできて、現状を維持する苦痛と比較して変化を起こす場合のリスクを評価するのだ。そしてリスクを回避したいというプレッシャーを強く感じると、一歩も前進できなくなる。

エグゼクティブは感情がない？

　経験豊富なエグゼクティブは合理的に意思決定を下すという仮説をよく耳にする。彼らは抜け目のない鋭い目でリスクを評価して利益を計算し、具体的な数字を基に淡々と論理的な決断を下すという。個人的な決断については別の判断基準を使うか、感情もまじえて考えがちだが、ことビジネスとなると「事実がすべて」となる。

　この仮説は本当だろうか？　結局のところ、エグゼクティブも人間だ。彼らの脳も他の人たちと同じ科学的な法則に従っているのではないか？

　どのクライアントも「経営陣に売り込む」ことを望んでいるため、わたしたちは組織の上層部の人たちに

とって、人間の感情、特に損失を回避したいという本能が、意思決定にどれだけ影響するかを調べることにした。

ザッカリー・トルマーラ博士の協力のもとで、わたしたちは世界中のさまざまな業界の会社で働く、113人のエグゼクティブを対象に実験を行った。彼らに自分は自動車メーカーのエグゼクティブだという想定のもとで、その会社が経営難に陥り、工場を閉鎖して人員を整理しなければならなくなった状況をイメージしてもらった。現在の状況では、最悪の場合3棟の工場を閉鎖して、6000人を解雇しなければならない。どのエグゼクティブも想定は同じだが、彼らを2つのグループに分けた。どちらのグループにも、工場と雇用を改善するために取り得る同じような選択肢を提示したが、グループによってその選択肢を異なる言い回しで表現した。

現状を提示する際、1つのグループには「利益」を、もう一方のグループには「損失」を強調したのだ。違いをわかっていただくために、どのような言葉で表現したのかを説明しよう。

最初のグループには、選択肢が2つあると説明した。プランAは、3棟の工場のうちの1棟と2000人の雇用を守る、というものだ。プランBはリスクが高い。こちらを選ぶと、全工場と6000人の雇用を守れる可能

性が33%あるものの、工場も雇用も守れない可能性が66%ある（図1.3）。

エグゼクティブの感情調査

利益を強調	損失を強調

プランA
3工場のうち1棟と、
2000人の雇用を守る

74%

プランA
3工場のうちの2棟と、
4000人の雇用を失う

プランB
工場と雇用をすべて守れる
確率が33%で、
工場も雇用も守れない
確率が66%

26%

プランB
工場も雇用も失わない
確率が33%で、
工場と雇用のすべてを失う
確率が66%

図1.3　利益を強調されたグループでは、利益を得るためにハイリスクな選択肢を選んだ人はわずか26%。

　これら2つのプランを提示したところ、グループの74%はプランA——1棟の工場と2000人の雇用を守るプラン——を選択した。ハイリスクなプランB——工場と雇用をすべて守れる確率が33%で、工場も雇用も守れない確率が66%というプラン——を選択した人は26%にとどまる。

　2つめのグループにもまったく同じ状況を提示したが、こちらでは損失を強調した。数字はまったく同じで言葉だけが変わったことにお気づきだろうか（図1.4）。

エグゼクティブの感情調査

| 利益を強調 | 損失を強調 |

プランA

3工場のうち1棟と、
2000人の雇用を守る

74%

プランA

3工場のうちの2棟と、
4000人の雇用を失う

55%

プランB

工場と雇用をすべて守れる
確率が33%で、
工場も雇用も守れない
確率が66%

26%

プランB

工場も雇用も失わない
確率が33%で、
工場と雇用のすべてを失う
確率が66%

45%

図1.4　損失を強調されたグループでは、45%の人が損失を回避するためにハイリスクな選択肢を選んだ。

　2番目のグループに提示されたプランAは、「3工場のうちの2棟と、4000人の雇用を失う」と損失を強調するものだった。プランBも同じように変更された。どちらのグループも同じ数字を提示されたが、2番目のグループは、「工場も雇用も失わない確率が33%で、工場と雇用のすべてを失う確率が66%」と、損失のシナリオとして提示されたのだ。

　おもしろいのは、2つのグループの選択結果が異なることだ。2番目のグループに損失を強調して現状（プランA）を提示したところ、それを受け入れた人は55%だった。1番目のグループは74%が受け入れたの

に。そして、プランBを選んだ人の多いこと！

（図1.5を参照）

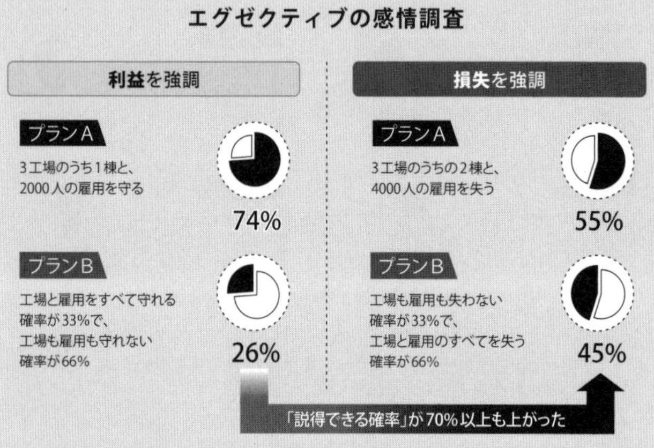

エグゼクティブの感情調査

利益を強調	損失を強調

プランA
3工場のうち1棟と、
2000人の雇用を守る

74%

プランA
3工場のうちの2棟と、
4000人の雇用を失う

55%

プランB
工場と雇用をすべて守れる
確率が33%で、
工場も雇用も守れない
確率が66%

26%

プランB
工場も雇用も失わない
確率が33%で、
工場と雇用のすべてを失う
確率が66%

45%

「説得できる確率」が70%以上も上がった

図1.5　損失を強調したところ、「説得できる確率」が70%以上も上がった。

　　プランBはどちらも同じ確率であるにもかかわらず（プランAも同じだが）、2つめのグループでは45％の人がハイリスクなプランBに賭ける方を選んだことがわかる。言い換えると、数字は同じでも説明を変えたら、エグゼクティブを「説得できる確率」が70％以上も上がったことになる。論理的かつ数学的に考えれば、どちらのグループでも、同じ数の人がプランAとプランBを選びそうなものである。ところが状況の提示方法を変えただけで、エグゼクティブの心境に変化が起きて、積極的にリスクを取ることを選んだのだ。

　　この結果を役立ててほしい。あなたが現在ソリュー

ションを供給しているベンダーの場合、あなたは現状「レギュラー」だ。仮に競合他社が、より質の高いサービスを提供できるとエグゼクティブに売り込んでも、あなたの方が強い立場にある。あなたがすべきことは、あなたのサービスや商品がもたらす利益を強調し、あなたとの契約を続ける場合に顧客が享受できるメリットの大きさを理解してもらうことだ。さらに、競合他社のソリューションにはメリットがあるかもしれないが、かなりのリスクも伴うと示唆する必要がある。エグゼクティブを説得できれば、あなたの方が心理的に優位な立場に立てる。立場が逆で、あなたが競合他社のビジネスを奪おうとしている場合は、競合他社との取引を続けることは顧客にとって損失だと印象づけてから、あなたの会社は利益を提供できると強調しよう。

　本書では、顧客を説得する方法についてもっと詳しく説明する。いまのところは、次回誰かが、エグゼクティブは「数値に基づいて」きわめて合理的に意思決定を下すと言っても、騙されないこと。たとえエグゼクティブが自らそう主張したとしても、だ。

現状維持バイアスを打ち砕く方法

　仮にあなたが、見込み顧客に難しい変化を決断してあなたと取引してほしい、あるいは新規顧客に新しいソリューションを

図1.6　新規顧客を獲得するには、現状維持バイアスを崩して打ち砕くこと。

採用してほしいと思っているとしよう。どちらの状況でも、あなたは相手が現状を変えなければと思うようなストーリーを練って、伝える必要がある。相手をうまく説得するには、現状維持バイアスを生み出す4つの要因を崩さなければならない。現状維持バイアスを崩して打ち砕くには（図1.6を参照）、次のことを心がけよう。

1.　**相手が好ましく感じている現状をゆさぶる**——「安定を優先する傾向」を打ち砕く唯一の方法は、見込み顧客が現在心地よいと感じている状況にあえて疑問を投げかけることだ。見込み顧客が現状に疑問を抱いてこそ、初めて説得

できる可能性が出てくる。相手に現状を不安視させるには、あなたの方からいわゆる「見落とされているニーズ」を伝える必要がある。

「見落とされているニーズ」には、相手が気づいていない、または重視していない問題、課題、脅威、機会損失などが含まれる。「顧客の声（VOC）」を調査する、質問して探りを入れる、見込み顧客へのファーストコールをかけるなどすれば、見込み顧客に自身の問題を認識させることはできるだろう。だが、変化を決断させるのは簡単ではない。だから、見込み顧客がその存在に気づいてもいないような問題を指摘することだ。そうすれば、相手は緊急に対処する必要性を感じるだろう。

2.　現状維持にもコストがかかると示す── 相手が変化に伴うコストを負担に感じている場合は、現状維持にもコストはかかると伝えよう。実のところ、相手にいまのままではいけないと気づかせるには、現状維持にかかるコストが変化に伴うコストと同じか、もっと高くなると示す必要がある。

　ノーベル経済学賞を受賞したダニエル・カーネマンが提唱した「プロスペクト理論」によると、人間は利益を手に入れるためよりも、損失を回避するための方が、変化を決断する確率が２〜３倍高くなるという。見込み顧客を説得するには、現在のやり方には欠点や限界があることを伝え、

このまま続ければ状況の改善どころか、現状維持もままならず、いずれ費用や損失の点から見ても許容できなくなると指摘しよう。

3. **いまのやり方とは対照的な選択肢を紹介する**——意思決定を司る脳の領域は、明確な違いを求める。あなたのソリューションの価値を認めてもらうには——さらに相手に変化を起こさせるには——現在は苦戦していても、あなたのソリューションを採用すればかなりの改善が見込め、状況も一変すると認識してもらう必要がある。違いを明示しなければ、あるいは違いが不十分だと、相手はわざわざ変えるほどの価値はないと判断するだろう。

　違いをうまく伝えるには、現在のやり方にはどんなリスクがあるかを明確にしてから、あなたの勧めるソリューションが将来的にそのリスクをどう解決するかを明示するといい。

4. **導入前後でどう変わるか、成功例を紹介する**——人間は後悔や非難を恐れるものだが、この傾向に勝つには、クライアントの体験談やケーススタディがもっとも効果的だ。見込み顧客は、自分たちと似たような状況にある他の組織や会社がやり遂げたチェンジマネジメントの成功例を聞くと、自己説得という、もっとも強力な形で納得してくれる。ここでのこつは、そのソリューションを導入する前

と後の状況を示すことだ。

　多くのケーススタディは、うまくいった結果ばかりを強調する。しかし見込み顧客はまだ、あなたのソリューションが役に立つ証拠を求めてすらいない。まずは問題があることを相手に認識させよう。現状維持バイアスがある見込み顧客は、「現実を拒否する人」として扱うことだ。彼らは解決すべき問題があることにすら気づいていない。そのため顧客の成功事例を紹介する際には、彼らがかつて置かれていた状況を明確に説明して、見込み顧客が自分と重ね合わせられるようにしよう。

　現状維持バイアスを生み出す4つの要因を分析して、これに対処する方法を模索した結果、顧客に「変化を促すメッセージモデル」が完成した。この数年間で、あなたと同じようなマーケティングや営業の担当者が、このフレームワークを発展させて顧客を獲得するためのメッセージとして使い、大成功を収めている（図1.7）。

　わたしたちは何百社もの企業のために、1000件以上の「変化を促すメッセージ」の作成をサポートした。さらに、顧客の現状維持バイアスを崩して、変化を促す説明をもっとも効果的に伝えられるよう、10万人超の営業担当者をトレーニングしてきた。

　もっとも印象的な例を紹介しよう。企業に給与・福利厚生サービスを提供しているあるクライアントは、社内の顧客情報

変化を促すメッセージモデル

見落とされているニーズを伝える

いまのやり方には限界があることを明らかにする

改良された新しい方法と比較する

導入前後の話もまじえた成功事例を伝える

図1.7　顧客の現状を崩すには、「変化を促すメッセージモデル」を活用しよう。

管理（CRM）システムに「保留」とされている取引が119件あるのを見つけた。同社は「変化を促すメッセージモデル」を使って営業トークを一新させ、営業チームに再度売り込みをかけさせた。90日と待たずに、119件のうち115件の取引を再開させ、最終的に、一度はあきらめた何百万ドル分もの取引を獲得した。

　別の会社では「発生率」——一般的には「成約率」と呼ばれている——が40％も上がったという。家の購入者に暖炉を売るその会社は、かつては10人中5人にしか暖炉を買ってもらえなかったが、いまでは7人が応じるようになったという。さらに暖炉のプレミアムオプションを契約してくれる顧客の割合も、4％から40％にアップしたそうだ。

　どちらのケースも商品は変わっていない。営業チームも同じだ。唯一変わったのが説明で、「変化を促すメッセージ」を伝えながら顧客に商品やサービスを説明したのだ。

あなたのソリューションを使っている
顧客には、現状維持を促そう

「変化を促すメッセージモデル」を使ってうまくいったクライアントは、さらなる疑問も口にした。「この方法はうまくいきますね。ところで、既存顧客に契約の更新を勧めるときも、この方法でアプローチした方がいいでしょうか?」

　何年もの間クライアントからそう訊かれるたびに、答えに迷ったものだ。見込み顧客と同様に、既存顧客でも洞察に満ちた刺激的なメッセージを伝えれば、同じ結果が得られるだろうと筋道を立てて説明することはできる。新規の見込み顧客であれ、既存顧客であれ、結局のところ売り込みであることに変わりはないのだから。さらに、今後も既存顧客から思慮深く先を見通して先導してくれる存在と思われたい人は、それらしい刺激的な言葉で更新を勧めたいと思うだろう。顧客を取り巻く世界は常に変化しているのだから、「変化を促すメッセージモデル」は誰にでも使えると考えるのが論理的な気がする。

　わたしたちは頭のなかではそのように考えていた。と同時に、それとは反対の内なる声も聞こえた。意思決定の科学の信奉者として、実際に調査を行ってもいないのに、内なる声を信じるのは軽率だとも認識していたのだ。わたしたちは推測に基づいたアイデアではなく、厳密な調査を通して実証した情報のみを勧めることを信条としている。そういうわけで「新規の見込み顧客に売り込むときのメッセージは、既存顧客への売り込みに

現状維持バイアスを強化する

顧客の意思
① 安定を優先する傾向
② 変化に伴うコストへの懸念
③ 選択の難しさ
④ 後悔や非難への恐れ

現状維持バイアスを
強化する

✗ 現状のままでは
まずいと思わせる

✗ コストは同じ

✗ 相違点を明確にする

✗ 成功例を話す

図1.8 既存顧客とのビジネスを「拡大」するには、現状維持バイアスを強化しよう。

使っても効果的なのか？」という問いの答えを追究することにした。

　調査の結果、このやり方は効果的ではないことが判明した。わたしたちは、データもなしに意見を述べる習慣を身につけていなかったことにほっとした。

　共同研究者たちは、調査結果が正しいことを何度も検証したあとで、「これぞまさしく『現状維持バイアス』だね」と言った。顧客は現状維持バイアスを持っている。しかも強力だ。そのため、顧客がいまあなたのソリューションを採用しているならば、その現状維持バイアスを強化して、自分に有利になるよう働きかけよう（図1.8）。

　現状を維持するよう説得するには、現状維持バイアスを生み出す4つの要因を強化しよう。その方法を以下に簡単にまとめた。

1. **安定を優先する傾向**——最初にソリューションの購入を決定したときに、長期にわたって困難なプロセスを経たことを顧客に思い出してもらおう。これで相手は、前に下した決定は正しく不満のないいまの状態を維持したいという思いを強めるだろう。

2. **変化に伴うコストへの懸念**——ソリューションの導入時に初期コストがかかったが、業務の改善という形で回収されていること、その費用は既に「サンクコスト（すでに投資済みで回収できないコスト）」となっていて、現行の営業予算の一部に組み込まれていることを、顧客に丹念に説明しよう。人間は現状を維持するよりも変える方がコストが高くなると思いがちなので、その通りだと強調しよう。

3. **選択の難しさ**——市場に出回っている他のソリューションは機能が大して変わらないこと、市場の商品は顧客が前に購入の決定をした頃と比べて代わり映えしないこと、あなたが顧客に最新情報を提供してきたし、ソリューションも更新してきたことを積極的に話そう。他の選択肢と大きな違いが認められない場合、人はわざわざ変えよう

とは思わないものだ。

4. 後悔や非難への恐れ —— ソリューションを増強し、社員をトレーニングし、プロセスの変更を管理するなど、導入したプロセスをスムーズに運用するために時間とリソースをかけたことを顧客に思い出してもらおう。ここで他社製品に切り替えれば、相手はまたもやこうしたプロセスを繰り返す必要があるうえに、万が一失敗すれば、責任を負うことになると注意する。

　後続の章で、顧客拡大のために絶対に抑えておきたい4つの商機と、そのときに使えるメッセージモデルを紹介する。その際には、より具体的なストーリーを構築する方法やそれを伝えるテクニックについても紹介しよう。

第2章

ビジネス拡大のための セールスメッセージ

重要なのに、あまり実践されていないテクニック

　マーケティング、営業、カスタマー・サクセスには、実に単純明快なミッションがある――あなたの会社の「スイートスポット」（長期間にわたって最大の利益を提供してくれそうな市場）における最高の顧客を突き止め、その人たちに売り込んでサービスすることだ。どう売り込むかは会社によって異なるが、核となる目的はいつの時代も変わらない。

　そこには難題がある。誰もがほしがるような顧客を新規に引き寄せて見つけ出すには、多大なコストがかかるのだ。契約を取り付けるには、さらにコストがかかる。そして多くの企業と同様に、契約を獲得するために大幅な値引きを行い、最初に満足のいく体験をしてもらおうと過剰にサービスすれば、準備費用はさらに大きくなるだろう。

　これはつまり多くの企業、特にサブスクリプション・タイプのサービスを売る企業では、契約を更新してもらわなければ利益にならないということだ。

そう考えると、ビジネスを拡大するために強力なメッセージを伝える必要があると認識できるだろう。コストや利益の点からこの事実について考えるのは有益であるものの、顧客にとってのコストや利益についても考える必要がある。実際、彼らが現在あなたのソリューションを使っていることは、あなたにとって利益になるだけでなく、顧客にとっても利益になるかもしれないのだ。

現職の影響力

　顧客と売り手との関係は、結局のところ、時間の経過と共に価値を生み出せるかが重要となる。契約書に署名したあと、顧客はビジネスへの影響と結果という形で最初の価値を受け取る（図2.1）。確かに、最初の前進はわずかかもしれないが、やがていくらかの利益が出るようになるだろう。顧客としては、間違ったタイミングで物事を変えてその前進を無駄にしたくはないものだ。

　だが、プラス面ばかりではない。顧客はあなたのソリューションを稼働させるために時間とお金と政治力を使った。心のなかでは、これらはサンクコスト、つまり投資のために使ったコストであり、あなたと取引し続ける限りはもう発生しないコストだと考えている。

　これがあなたの「現職の強み」だ（図2.2）。

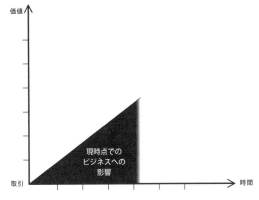

図 2.1　契約に署名したあと、顧客は最初の価値を受け取る。

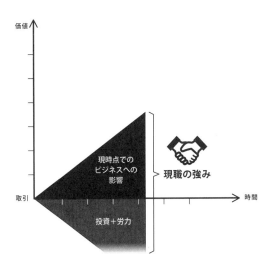

図 2.2　顧客が「サンクコスト」がかかったと実感すると、「現職の強み」が効果を発揮し始める。

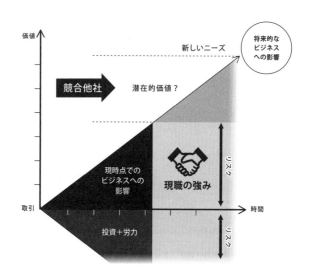

図2.3 「レギュラー」のあなたは「安全牌」で、競合他社のオファーは効果が未知数でリスクがある。

　競合他社が現れて「もっと高い価値を提供します」と約束しても、それは潜在的価値に過ぎない。ソリューションの有効性は実証されておらず、コストも効果も未知数ななか、他社へ切り替えれば、あなたのソリューションが提供した最初の前進はおろか、今後受け取る予定の価値も失われる恐れがある。顧客にとってはあなたの価値は証明済みで、サンクコストも支払い済みであるのに対し、他社のオファーは未知数な点が多い。言い換えれば、「レギュラー」であるあなたのソリューションは確実な方法で、競合他社の提案はリスクだと対比させる必要がある（図2.3）。

　ちなみに、「現職の強み」は、すでに結んでいる契約の更新や再購入にだけでなく、ビジネス拡大をねらう場合にも活かせる。政治と同様に、どちらの場合でも現職に取って代わるのは簡単ではない。なぜなら現職には知名度、評判、経験値、実績があり、そのうえおなじみの現状維持バイアスも味方にできて、断然有利になるからだ。

　残念ながら、実に多くの企業が「現職の強み」を無駄にし、競合他社につけ入る隙を与えている。実際、多くの企業は自分たちの「現職の強み」を活かしていないだけでなく、うかつにも3つの重要な領域で自らの強みを損ねている。

既存顧客を維持するための投資に消極的

　コーポレート・ビジョンズが400社以上のB to B企業を対象に行った調査によると、80％の企業が営業・マーケティング予算の70％以上を新規営業案件を創出するための宣伝（デマンド・ジェネレーション）、コンテンツ・マーケティング、営業活動の改善（セールス・イネーブルメント）、新たな顧客を獲得するためのマネジメントに費やしていることが判明した。既存顧客の維持や顧客単価を上げるための計画は、かろうじて予算の30％を確保している状況だ。おまけに調査した企業のおよそ半数では、既存顧客の維持、更新、アップセル（訳注：顧客が検討しているよりも高い製品・サービスを売ること）、クロスセル（訳注：関連する商品・サービスを売ること）に費やすお金が、マーケティン

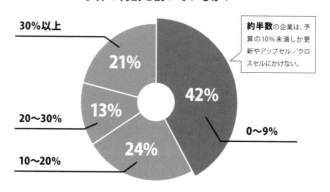

**顧客の維持やアップセル／クロスセルに
予算の何割を割いているか？**

30%以上 **21%**

20〜30% **13%**

10〜20% **24%**

42%

0〜9%

> **約半数**の企業は、予算の10%未満しか更新やアップセル／クロスセルにかけない。

※コーポレート・ビジョンズ調査：
　　見込み顧客から熱狂的ファンまで。顧客ライフサイクルにどんなメッセージを込めているか？（2017年1月）

図2.4　企業は顧客の維持、更新、アップセル／クロスセルへの投資に消極的だ。

　グ・営業予算の10%に満たないこともわかった（図2.4）。

　有望な見込み顧客が新規顧客になるとうれしいものだ。その顧客が長期にわたって取引してくれる忠実な顧客になりそうなら、なおさらだろう。収益の80%を既存顧客から得ているにもかかわらず、企業が見込み顧客を引きつける過程にお金と労力という大事な資本を注ぐのも無理はない。彼らが顧客を獲得するために魅力的でわくわくするようなメッセージを作るのは、口説き落とす方がずっと楽しいからだ。

　だが、その戦略が収益性に与える影響について考えてみてほしい。おっと、ここは数学で考えるところだ。既存顧客の維持率を少し高めるだけで、利益率がぐんと上がることがさまざ

な研究結果で証明されていることを考えると、営業・マーケティング予算をもっと顧客の維持に注ぐ方が理にかなっているのでは？　逆に言うと、顧客を維持するためのメッセージに十分な資金を提供しないせいで、どれだけの利益を失っているだろうか？

更新のメッセージを作成する人はいるか？

デマンド・ジェネレーション（営業部門へ渡す、見込み案件の創出・発掘活動全般のこと）や顧客獲得のためのメッセージの作成、管理にあたっては、責任の所在がきわめて明らかだが、更新メッセージについてはあいまいなようだ。デマンド・ジェネレーションについては、75%近くの企業ではマーケティング・チームがメッセージやコンテンツの責任を負うか、共同責任を負う。よくあるパターンだ。

ところが、こと更新のメッセージとなると、担当と責任の所在は非常にあいまいになる。実際に当社の調査では、更新の説明の担当者は会社によって大いに異なることがわかった。調査対象となった企業の半数では、マーケティング部門はまったく関与せず、営業か事業開発かセールス・イネーブルメント（営業組織を強化・改善するための取り組み）の部署が担当する（28%）。あるいは関連する顧客管理部門が行うケースもあった（21%）。他方で、19%の企業ではマーケティング部門だけが更新メッセージを担当していた（図2.5）。

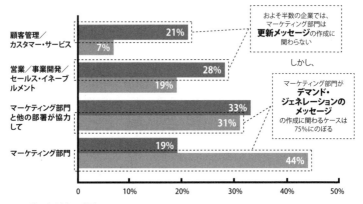

メッセージとコンテンツの開発担当者は？

顧客管理／
カスタマー・サービス
21%
7%

> およそ半数の企業では、
> マーケティング部門は
> **更新メッセージの作成に**
> 関わらない

営業／事業開発／
セールス・イネーブ
ルメント
28%
19%

> しかし、

マーケティング部門
と他の部署が協力
して
33%
31%

> マーケティング部門が
> **デマンド・**
> **ジェネレーションの**
> **メッセージ**
> の作成に関わるケースは
> 75%にのぼる

マーケティング部門
19%
44%

0　　　10%　　20%　　30%　　40%　　50%

※コーポレート・ビジョンズ調査:
　見込み顧客から熱狂的ファンまで。顧客ライフサイクルにどんなメッセージを込めているか？（2017年1月）

図2.5　更新のメッセージの担当者があいまいだと、明確さと一貫性がなくなって「現職の強み」が損なわれる。

　メッセージの責任の所在が明確でないと、顧客にどう説明するかという責任感が薄れて、統一性を失いかねない。つまりクオリティにムラができて、全体的なメッセージの効果が薄れる恐れがある。責任の所在がばらばらだと、顧客に伝わるメッセージにも一貫性がなくなる。各顧客に多くのチームが接することになるため（たとえば営業、カスタマー・サクセス、カスタマー・サービス、実装に関わる部署など）、メッセージの作成が統制のもとで行われなければ、最終的に顧客に伝わるメッセージにも一貫性がなくなってしまう。

　成長と長期的な価値を手に入れるために更新業務がこれほど

重要なときに、メッセージの作成・伝達があいまいだと混乱が生じてしまう。これでは、組織全体が「現職の強み」を活かしてビジネスを成長させることが難しくなるだろう。

新規顧客の獲得と、ビジネスの拡大とでは、メッセージを変えよう

既存顧客に更新を勧めるときや、ビジネスの拡大を持ちかけるときのメッセージに、過小投資や責任の所在があいまいといった戦術的な問題がある場合は、3つめの包括的な問題もあるものだ──つまり、メッセージそのものに問題があるということだ。

マーケティングや営業のリーダーの約3分の2は、顧客との会話は、他社との差別化をはかるうえでの大きな原動力だと考えている（＊2）。つまりメッセージに欠陥があると、あなたが顧客に更新を勧めたり、顧客との関係を拡大しようとしたりする際に、致命的となるかもしれない。にもかかわらず組織はメッセージがどうあるべきかについて、驚くほど考えていない。回答者の過半数（コーポレート・ビジョンズの調査では、回答者の58%）が、顧客を獲得するためのメッセージと既存のビジネスを拡大するためのメッセージは、区別する必要はないと回答した。それだけにとどまらず、更新を勧めるプロセスでは、刺激的で型破りなメッセージが適しているとも考えている（図2.6）。

現状維持バイアスについて学んだいまのあなたからすれば、

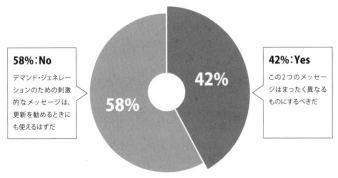

デマンド・ジェネレーション／新規顧客を獲得するための
メッセージとコンテンツは、既存顧客の維持や更新のための
メッセージと同じではいけないと思うか？

58%：No
デマンド・ジェネレーションのための刺激的なメッセージは、更新を勧めるときにも使えるはずだ

58%

42%

42%：Yes
この2つのメッセージはまったく異なるものにするべきだ

※コーポレート・ビジョンズ調査：
見込み顧客から熱狂的ファンまで。顧客ライフサイクルにどんなメッセージを込めているか？（2017年1月）

図2.6　企業の過半数は、顧客に更新を勧める際に刺激的なメッセージを使っても良いと考えている──自分たちにとって不利になるとは知らずに。

58％もの企業が顧客を維持するために刺激的なメッセージが望ましいと考えていると知って、58％も！　とあきれたことだろう。現場にいるチームが既存顧客に誤ったメッセージを発しているだけではない。せっかくうまくいっている商売を自分で傷つけ、「現職の強み」を抹消するメッセージを送っているようなものだからだ。

＊2　コーポレート・ビジョンズによるセールスメッセージ調査（2015年）。

言うまでもなく、もっと良いアプローチがある──営業、

マーケティング、カスタマー・サクセスが団結してやるやり方
だ。後続の章では、より良い方法を求める人たちに役立つ情報
をお届けしよう。

第3章

現状維持を促して
更新させるための心理テクニック

　新しい見込み顧客に売り込むとき、あなたは相手の感情をゆさぶって現状を変えさせようとする。つまりあなたのソリューションを選んでもらう前に、まずは相手に変化を起こす決断をさせる必要があるということだ。しかし前章でお話したように、あなたがこれまで見込み顧客を引き込むために使っていたインパクトのある鋭いメッセージを、既存顧客に伝えようものなら、あなたにとって断然有利な「現職の強み」を損ねることになる。

　では、あなたが「現職の強み」を活かして、現状を打ち破るのではなく、その良さを強調するメッセージを伝える最良の方法は何だろうか？

　その答えを見つけるために、わたしたちは現状維持と更新に関する調査を行った。

現状維持と更新に関する調査

　ザッカリー・トルマーラ博士の協力のもと、わたしたちは顧

客に更新を促すシナリオを設定し、用意した3種類のメッセージのどれがもっとも効果的かをテストした。

　実験の最初に、被験者には中小企業の経営者になったものとイメージしてもらった。想定したのは次のようなシナリオだ。経営者である彼らは従業員の年金制度を充実させようと、2年前にある確定拠出年金（401k）のベンダーと契約を結んだ。より多くの従業員に401kに加入してもらって、従業員の満足度と定着率をアップさせるためだ。

　さらに、会社は80％の加入率を目指していたが、当時401kプランの加入者は従業員のわずか20％。それから2年経ったいま、加入率は上がって50％に達した。かつての20％よりは高いものの、目標の80％には届いていない。一方、この2年間で従業員の定着率は上がったが、401kの影響がどれだけあったのかはわからない。

　被験者を3つのグループに分けて、それぞれ異なるアプローチ（条件）を試みた。各被験者には1種類の更新のアプローチのみが伝えられる。説明の冒頭部分は、どのグループに対してもまったく同じ内容を聞いてもらったが、続きの説明は次のように大きく変えた。

● **プレゼン①：現状維持を強化するメッセージ**——このグループの被験者には、今日までプランの運用成績はうまくいっており、会社は目標達成に向けて前進しているという好意的な説明を聞かせた。さらに現状を維持したくなるよ

うな文章も読んでもらった。文章の内容は、現在のプロバイダーを厳選するまでにかかった労力や、新しいプロバイダーに切り替えるとリスクもコストもかかることを強調するものだった。

● **プレゼン②：変化を促す刺激的なメッセージ**──被験者に今日までの運用成績を報告したあと、トーンを変えて現在のやり方を否定するような新しいアイデアを紹介した。これまでに加入者を20％から50％に増やせたものの、50％を80％まで引き上げるのはずっと難しくなるだろう。加入率を80％にするには、たとえば401kへの加入を促すのではなく、いったん全員を加入させて希望者は解約できるようにするなどの、いままでとは異なる方策が必要で、そうした変更はプロバイダー側がサポートすると請け合った。

● **プレゼン③：アップセルを促す刺激的なメッセージ**──このグループに聞かせたプレゼンは、②の顧客を刺激するプレゼンの内容に加えて、従業員がそれぞれの目標を達成できるようオンラインツールを選択できるようになりましたと提案した。このツールのために、全体的なプログラムコストが追加で5％かかるが、値上げ分は12か月以内に回収できるだろうと見積もった。

それぞれのメッセージを伝えたあと、被験者に一連の質問をして、メッセージに対する反応とどれくらい説得力があったかを評価した。被験者へは、契約を更新する意向があるか、プロバイダーに対する反応、他社に切り替える可能性、信頼できると感じたかなどについて尋ねた。

現状維持バイアスを強化する
——調査からわかったこと

この実験で評価したすべての項目において、現状維持バイアスを強化するメッセージは、刺激的なメッセージやアップセルを促す刺激的なメッセージに比べて著しく結果が良かった。好調な運用実績を説明して現状維持バイアスを強化したメッセージでは次のような結果が出た。

● **刺激的な２つのプレゼンよりも、更新すると答えた人が13％多かった。** 被験者には、現在のプロバイダーとの契約を更新するかどうかや、関係を維持するかどうかを尋ねた（図3.1）。

● **他の２つのプレゼンよりも、好意的に反応した人が9％多かった。** 被験者は現在の方法に疑問を呈し新しいアイデアを提案した他の２つのプレゼンよりも、現状維持を促すメッセージに著しく好意的な印象を抱いた。

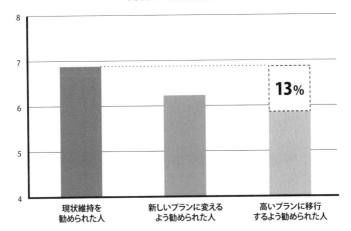

図3.1　刺激的なメッセージを聞いた人と比べて、「現状維持を促すメッセージ」を聞いた人の方が更新する意思が13%高かった。

● **刺激的な2つのプレゼンよりも、信頼性が7%高かった。**

被験者には3つの問いに答えてもらって、プロバイダーがどれだけ信頼できそうか、当てになりそうか、自信を感じ取れたかを評価してもらった。

もっとも重要なのが、被験者に契約を切り替える意思があるかを探った3つの質問への回答だ。他社の選択肢を検討するか、新しいプロバイダーに切り替える可能性があるかを尋ねたところ、重大なことがわかった（図3.2）。好調な運用成績を基に現状維持を強く伝えた被験者に比べて、現契約の内容を変えた方

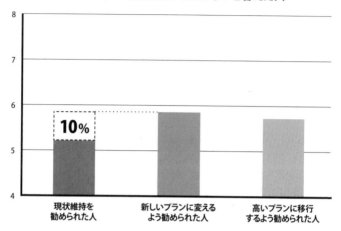

プロバイダーを変えるかもしれないと答えた人

図3.2　現状維持を促すプレゼンを聞いた人よりも、刺激的なプレゼンを聞いた人の方が、プロバイダーを変える可能性が10％高かった。

がいいと刺激された被験者の方が、プロバイダーを変えるか、他社も比較検討する可能性が10％も高かったのだ。

　つまり、現在あなたと契約している顧客に現状を変えるよう促すと、他社に切り替えられるリスクが高くなるということだ！

「現状維持を促すメッセージ」には どんな様相があったのか

　被験者に更新を促すのにもっとも成功したメッセージは、被験者のなかにある現状維持バイアスをシステマチックに強化す

現状維持を促すメッセージモデル

| 実績を報告する | 前回の意思決定プロセスを振り返る | 変化にはリスクが伴うと注意する | 変化はコストがかかると強調する | 他社にひけをとらない進化について詳しく説明する |

「安定を優先する傾向」を強化　「安定を優先する傾向」を強化　「後悔や非難への恐れ」を強化　「変化に伴うコストへの懸念」を強化　「選択の難しさ」を強化

図3.3　「現状維持を促すメッセージモデル」を活用して、顧客の現状維持バイアスを強化し、契約更新を勝ち取ろう。

るメッセージだった——つまり第1章で紹介した現状維持バイアスを生み出す「4つの要因」を再確認させるメッセージだったのだ（図3.3を参照）。

　まずは各プロセスの会話例を紹介しよう。それから更新を促すメッセージを組み立てていくにあたり、各要素がどのような効果を発揮したのかを説明しよう。

1.　**実績を報告する（「安定を優先する傾向」を強化）**——「この2年間で、目標に向けてめざましい進歩がありました。401kの加入者が20％から50％にアップしました。従業員の満足度が上がり、定着率も改善してきています。この改革を行った究極の目標は、これらを達成することでしたよね」

顧客の目標達成を後押しするために、あなたが貢献した実績を見せると、全員が和やかな気分になり、更新を勧める会話がしやすくなる。だが、実績を報告するのには実用的な理由もある——信用を得やすいからだ。わたしたちが行った実験では、被験者たちはプレゼンの最初に実績を見せてくれたプロバイダーに大きな信頼感を抱いたと答えた。顧客は最初に実績評価を聞いて初めて、後半の内容を受け入れる準備が整うということだ。

　たとえ目標を達成していなくても、目標に向けて前進していると聞くだけで、顧客は現状のままでいこうと思いやすくなる。わたしたちの調査では、あるベンダーは最初に顧客と定めた目標の50％程度しか達成していなかったが、現状維持を促す説明で更新を勝ち取ったという。読者には目標の50％以上を達成してほしいものの、すべてを順調にやり遂げるのは難しいだろう。だから、顧客が気にかけるのは、目標に向けてどれだけ前進したかであることを覚えておこう——顧客にとっての重要な目標を達成できるよう、あなたが全力を尽くしていることが大前提だが。四半期ビジネスレビュー（QBR会議／定例会議）や更新に向けての商談の準備で熱くなっているときは、もっとも成果のあった目標を強調したくなるものだ。しかし実際には、顧客が最重要視する目標を選んでその実績を報告しよう。

2.　前回の意思決定プロセスを振り返る（「安定を優先する傾

向」を強化）——「2年前に契約したときには、みなさんは熱心に調査をされて、実に多くの選択肢を検討した結果、全会一致のもとで我が社を選んでくださいました」

　あなたのソリューションを選ぶまでの過程を顧客に思い出してもらうことで、2つの面から相手の「安定を優先する傾向」を強化できる。1つは、精査して選択したことを再確認させることだ。提案依頼書（RFP）を作成したか？　購入を決定する委員会会議に、ソリューションの導入に前向きなエグゼクティブを招いたか？　そのソリューションを試験的に実施、または概念実証したか？　これらをやっていれば、徹底的に検証したと自信を持てるだろう。2つめに、意思決定プロセスを順を追って振り返ることで、そのプロセスの大変さをそれとなく思い出してもらうことだ。あのプロセスをまた繰り返したいか？　もし、現在のソリューションと「ほとんど同じ」ものに落ちついたらどうするのか？　と考えるきっかけを与えよう。

3.　変化にはリスクが伴うと注意する（「後悔や非難への恐れ」を強化）——「更新のご決断にあたっては、御社が現在、目標までの道のりのなかで重要な岐路にいることを認識していただきたいと思います。加入率と従業員の定着率という最終目標を達成するには、この勢いを維持するのが大切だということも。この時点でプログラムに変更を加えると、これまでに達成した実績を失うなどの不必要なリスクを負

うことになりかねません」

　これは相手の「後悔や非難への恐れ」を強化するための
ステップだ。第2章で説明した「現職の強み」と、顧客の
なかの損失を回避したいという本能に訴え、相乗効果を発
揮する。成果が不確かなソリューションに切り替えること
は、大きな間違いを犯すリスクが高いだけでなく、目標に
向けてこれまでに前進した成果（あなたが報告した実績）が
無駄になる可能性があるのだ。

**4.　変化はコストがかかると強調する（「変化に伴うコストへ
の懸念」を強化）**――「他社に切り替えるとなると、そのベ
ンダーに状況を詳しく説明する手間、新しいソリューショ
ンに慣れるまでの時間、導入コストやその他の変更に要す
る費用も必要になりますが、弊社との契約を続けていただ
ければ、そうした手間もお金もかかりません」

　たとえこれらのリスクが現実化しなくても、あるいは顧
客が労力や時間を気にしなくても、変化にはコストが伴
う。競合他社があなたよりも安い価格を提示しようとして
も、顧客の現状維持バイアスが、このまま継続する方が安
いと判断するだろう――となれば、議論するまでもない。
顧客に現状維持を促し続けよう。他社の見積もりに入って
いない追加的なコストをすべて顧客に教えよう。装置を変
えたり、システムを統合したり、ビジネスプロセスを設計
し直したり、スタッフをトレーニングしたりする必要があ

るのでは？　顧客やベンダーに通知しなければいけないのでは？　切り替え時に、2つのシステムを同時に稼働させる必要があるのでは？　こうした作業には時間とリソースがかかるため、他社が安い見積もりを出しても、あなたとの差はすぐに相殺されるだろう。競合他社は当然、これらの点には一切触れないだろうから、あなたが言わない限り、顧客には全体像が見えないだろう。

5.　他社にひけをとらない進化について詳しく説明する（「選択の難しさ」を強化）——「この2年間、御社に提供しているプログラムを継続してアップデートしているので、現在市場に出回っているものにひけはとりません。従業員の加入率と満足度を上げたいという御社の目標に近づくために、2つの新たな特典を設けました。1つはマンスリーレポートで、401kの加入者が非加入者と比較していくら節税しているかを示すものです。もう1つは退職後の年金額と予算を計算できるアプリで、これがあればみなさんが詳細な情報に基づいて401kの加入を判断できます」

　上記の言い回しを見てほしい。第1章で紹介したように、人間には選択を難しいと感じる傾向があるため、どの選択肢も同じなら、顧客は現状維持——つまりあなたのソリューション——を選ぶ可能性が高い。また、本章の前半で述べたように、あなたが相手を刺激するような発言をすると、顧客は他の選択肢も検討したくなる。では、あなた

がビジネスを刷新し続けていることを、顧客にどう伝えればいいだろうか?

その答えとして、顧客が最初に解決したがっていた問題を挙げて、あなたの新たな機能やサービスを紹介しよう。ここでは、これまで「見落とされていたニーズ」に対応するものだと説明はしない方がいいだろう。新たなサービスや機能を、顧客が元来の目的に向かって前進するのを今後もサポートするための延長や継続として提案する方が効果的だ。新しい機能がいかに「革命的」で「最先端」であるかを強調して売りたいマーケッターや営業担当者にとっては、このルールに従うのは簡単ではないかもしれないが、新しい機能を自慢するなということではない。他社製品よりもすぐれていると言っても構わない。ただ、誰も考えたことがないような画期的で時流を変える商品であるかのようには言わないように。そんなことを主張しようものなら、顧客は他社をあたって、あなたの発言が間違いだと証明したくなるかもしれない。

だが、もしあなたの機能が実際に画期的だったら、どうすればいいか? その場合は、タイミングに注意しよう。途中解約できない契約を結んでいて、契約満了日までに十分な日数が残っている場合は、その新しい機能を紹介しても安全だろう。だが、契約更新日が近い場合は、機会を逃したかもしれない。その時点であなたにできる最善のことは、顧客が当初解決しようとしていた問題の解決に役立ち

そうな新しい機能があると紹介して、契約を更新させること。それから、新しい契約期間が始まって安全な地位を確保したら、「見落とされていたニーズ」に触れて、新しい機能でそれを解決できるかもしれませんと紹介するのだ。

　これは直観に反するやり方かもしれない。だが、あなたはもう更新前の既存顧客に現状を変えるよう促すのは危険だということをわかっているはずだ。

第４章

値上げを顧客に
受け入れてもらう方法

　顧客に同じソリューションを買い続けてもらうのは容易ではない。幸いにも、いまやあなたには更新の交渉に役立つ、手軽で科学的に証明済みのメッセージモデルがある。

　だが、他社と同様に、あなたが求めているのは現在の契約の更新だけではないだろう。遅かれ早かれ、顧客にもっと高い契約を求めなければならなくなる。それはわたしたちの研究で裏付けられている。300社以上のＢ to Ｂ企業を対象とした調査によると、3分の2近い企業（63％）が、顧客収益性を維持して企業全体の成長を推進するために、値上げが「非常に重要だ」、さらには「必要不可欠だ」と考えていることがわかった。

　つまり、あの手の込んだ更新を勧める会話を展開したうえで、それよりはるかに繊細で複雑なやり取りで政治的な駆け引き——単価の値上げ——をしなければならないということだ。

　値上げは、会社の収益に大きな影響を与える一か八かの交渉だ。実際、2014年にコンサルティング企業のベイン・アンド・カンパニーは、シェアの獲得やコスト削減よりも価格の方がビ

ジネスに重大な影響を与えると報告した(＊3)。そのため、企業は価格設定に相当な神経を使い、価格を決める部署に投資してマーケットリサーチャー、アナリスト、データサイエンティストを集め、価格を最適化するためのモデルやアルゴリズムの開発を積極的に行っている。だが、分析やアルゴリズムは理論的な根拠しか提供してくれない。価格の変更を顧客にうまく伝えられなければ、市場での競争に負けてしまうだろう。

　わたしたちの調査の第2段階で判明したことがある。顧客に値上げをうまく伝えるには自信、メッセージの組み立て、コミュニケーション戦略が必要だが、多くの企業がこれらを欠いていることだ。

＊3　Stephen Mewborn, Justin Murphy, and Glen Williams, *Clearing the Roadblocks to Better B2B Pricing,* Bain & Company, 2014.

自信の問題

　回答者の69％近くが、値上げを伝えたときの顧客の反応は「五分五分か、うまくいかない」と述べている。うまくいくときもあれば、いかないときもあるというわけだ（図4.1）。

　逆に言うと、値上げの交渉が望みどおりにうまくいっていると考える企業は、3分の1ほどにとどまることになる。許容範囲の値上げに成功したケースが26％で、望みどおりの値上げに成功したケースが5％。このような商機に関わる重大な会話で、平均的な企業がこのていたらくではとても絶賛できないし、

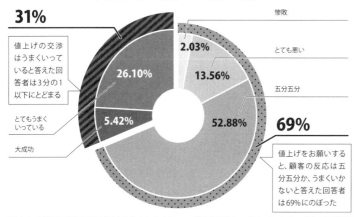

顧客に値上げを伝える会話は、あなたの思い通りにできているか？

惨敗
2.03%

とても悪い
13.56%

五分五分
52.88%

69%

値上げをお願いすると、顧客の反応は五分五分か、うまくいかないと答えた回答者は69%にのぼった

31%

値上げの交渉はうまくいっていると答えた回答者は3分の1以下にとどまる

26.10%

とてもうまくいっている

5.42%

大成功

図4.1　顧客との値上げ交渉はうまくいかない——「五分五分か、うまくいかない」との回答が過半数。

改善の余地がかなりありそうだ。

　こうした重要な議論を計画どおりに進められないのであれば、「どれだけ自信を持って値上げを伝えているか」と尋ねた質問で、回答者の多くが不安に感じていると認めたのも納得できる。値上げの伝え方に「自信がある」人はわずか37%で、「とても自信がある」人は8%しかいない。つまり過半数（55%）は、値上げの伝え方に自信がないのだ（図4.2）。

　では、何が問題なのか？

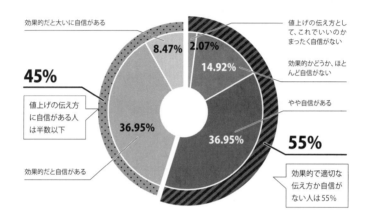

顧客に値上げを伝えて受け入れてもらううえで、あなたの値上げを伝えるプロセスと伝え方は一番効果的な方法だと自信を持っているか？

効果的だと大いに自信がある
8.47%

値上げの伝え方として、これでいいのかまったく自信がない
2.07%

効果的かどうか、ほとんど自信がない
14.92%

やや自信がある

45%

値上げの伝え方に自信がある人は半数以下

36.95%

効果的だと自信がある

36.95%

55%

効果的で適切な伝え方か自信がない人は55%

図4.2　値上げのメッセージが効果的、または適切だと自信を持っている人は半数以下。

構造上の欠陥

　多くの企業で値上げの交渉がうまくいかない理由の1つは、系統立ったメッセージ作りと指導が欠けているからかもしれない。わたしたちの調査では、3分の1弱の回答者（32%）が、値上げを伝える方法は「かなり系統立てて作られている」と答えた。これらの企業では、説得力のある伝達テクニックを使って慎重なコミュニケーションプランを練り、顧客に値上げを伝える担当者がスムーズに会話ができるよう、スキルを提供してサ

ポートしているということだ。

この調査では、系統立った伝え方ができずに苦労している残りの3分の2の企業について、次のことも突き止めた。

● **場当たり的にやっていると回答したのは23%。**つまりこれらの企業では、値上げの伝え方に関する定められた方法がなく、値上げのメッセージを作って顧客に伝えるまで、すべてが担当部署に委ねられている。

● **「どちらかというと系統立っている」と答えた人は44%。**社内で正式なメッセージが作成されるため、内容には一貫性があるものの、それをどう伝えるかは担当部署に任されているケース。あるいは電子メールで顧客に値上げを伝えるだけで、それをフォローするチームには限られた指示しか与えられない、といったケースもある。

B to B企業で実務に携わる人たちの間で、値上げを伝えるメッセージについてもっと厳格にしたいという強い要望があることがわかった。実際、調査対象となった企業のおよそ80%が、値上げの要望をもっと公式的かつ戦略的な方法で顧客に伝えたいと回答している。

興味深いことに、こうした回答者は3つのグループにわかれた。

①もっと系統立った方法にしたいが、最優先事項ではない人
（40%）

②値上げを伝えるための正式な系統作り、メッセージの枠組み、コミュニケーションスキルを向上させる研修がほしいと強く望む人（21%）

③より公式的で戦略的なアプローチを求める度合いが、①と②の中間ぐらいの人（18%）

　言い換えると、より良い方法を求めている人が大勢いるということだ。とはいえ、より良い方法とは何かをめぐっては、意見の一致は見られない。

値上げの交渉はもっと戦略的に

　第3章で、更新を促すメッセージを伝える責任の所在が会社によって千差万別だと話した。ざっと見た限り、少なくとも値上げを伝えるメッセージに関しては、責任の所在はもう少し明確に決まっているようだ。わたしたちが調査した会社のうちの60%では、値上げを伝えるのは営業部門の役割だと判明した（図4.3）。しかし、80%の企業が値上げのコミュニケーションにはもっと公式的かつ戦略的なアプローチが必要だと考えているとすると、この役割が意図的に決められたものかどうか怪しいものだ。誰も注意を払わないために、結果として営業部門が責任を担うことになっているだけではないだろうか？

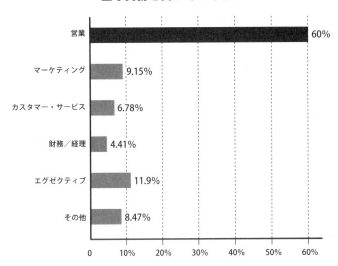

**あなたの会社では、どの部署が顧客に値上げを説明する
主な責務を負っているか？**

- 営業 60%
- マーケティング 9.15%
- カスタマー・サービス 6.78%
- 財務／経理 4.41%
- エグゼクティブ 11.9%
- その他 8.47%

0 10% 20% 30% 40% 50% 60%

図4.3 値上げを伝える仕事は営業に任される場合が多い。だがそれはたまたまか、意図的な
ものか？

　カスタマー・サクセスに特化したチームを作る企業が増えて
いるなかで、こと更新や値上げの交渉を直接する段階になると、
責任の所在はますますあいまいになりがちだ。カスタマー・サ
クセス部門の人たちは、顧客との日々のコミュニケーションを
取る役割を担うものの、値上げなどの「面倒なやり取り」とな
ると、営業部門に任せることがよくある。カスタマー・サクセ
ス部門はむしろ、顧客満足度に直接影響する業務に集中したが
るからだ。

ところが、こうした会話の責任者が明確でないと、うまく値上げを伝えられない残念なケースが激増する。

各社はどんなアプローチを取っているか?

　わたしたちのクライアントに調査して、彼らが顧客に値上げを伝える際に使っている伝達方法のなかから、もっとも使用頻度の高い方法を6種類選び出した。そのうえで、調査の回答者に6種類のなかから自分たちのやり方にもっとも近いものを選んでもらった。

　図4.4から読み取れるように、決定的なアプローチは見つからない。企業はさまざまな手法を試しているが、一番有効なやり方はまだわかっていないようだ(ネタバレ注意:シミュレーションでは、使用頻度が最低だった2つの手法がもっとも効果的だと判明した。このことについては第5章で詳しく説明しよう)。

　調査では、被験者に次の6つのアプローチ方法のどれを使っているかを尋ねた。そのあと、これらをシミュレーションして効果を検証した。

1. **他のコストが下がるので、値上げ分を相殺できると説明する。**新たな機能やメリットを紹介して、こうした改善によって他のコストが下がるため、値上げ分を相殺できると説明する。

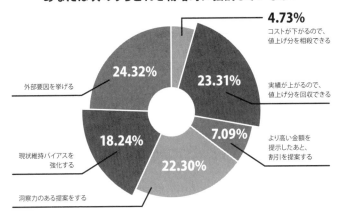

顧客に値上げを伝え、その値上げを正当化するために、あなたは次のうちどれを戦略的に強調しているか？

- **4.73%** コストが下がるので、値上げ分を相殺できる
- **23.31%** 実績が上がるので、値上げ分を回収できる
- **7.09%** より高い金額を提示したあと、割引を提案する
- **22.30%** 洞察力のある提案をする
- **18.24%** 現状維持バイアスを強化する
- **24.32%** 外部要因を挙げる

図4.4 決定的なアプローチ方法がないところを見ると、かなり多くの企業が誤った方法で値上げ交渉をしていそうだ。

2. 業績もリターンも向上すると言って、値上げを正当化する。 新たな機能やメリットを紹介して、これらがビジネスの業績を向上させてくれるだろうと、値上げを正当化する。

3. 値上げされた価格よりも高い金額を提示して、期間限定割引を提案する。 新しい機能とメリットを説明して値上げを正当化してから、期間限定割引を申し出る。

4. 洞察力のある提案をする（「変化を促すメッセージモデル」

を使って顧客を刺激する）。「見落とされていたニーズ」を指摘し、新しい機能はこうした問題を解決してくれるので、パフォーマンスが向上すると言って、値上げを正当化する。

5. **現状維持バイアスを強化して、値上げを受け入れてもらう（「現状維持を促すメッセージモデル」を使う）。** これまでの実績を挙げて、そのソリューションに決定するまでのプロセスを振り返る。それから、同種のサービスのなかでも決して悪くない条件だと、値上げを説明する。

6. **値上げの要因として外部コストを挙げる。** 値上げの理由として、外部要因（経済、業務費、仕入価格の上昇、原材料費の値上げなど）を挙げる。

　回答が分散していたことから読み取れるように、これらのアプローチはどれもそれなりに現実的な根拠がある。しかし手法がばらばらなことから、一番効果的なアプローチがどれか、誰もわかっていないようだ。ということは、かなり多くの企業が誤った方法で値上げを交渉しているのではないだろうか。顧客との会話のなかでも、値上げの交渉は研究も検証も不十分なまま――そして科学的に検証されたメッセージモデルがすぐにでも求められている。

　これはぜひとも探究しなくては。

第5章

値上げを納得させる
メッセージ

値上げの交渉を改善するためのフレームワーク

　顧客に値上げを伝える会話に「大いに自信がある」と答えた企業は8％にとどまり、5社のうち4社がより系統立てて作られた厳密なアプローチがほしいと回答している。であれば、値上げの交渉方法を改善したいかと尋ねるまでもないだろう。ウォーリック・ビジネス・スクールのニック・リー博士の協力のもとで、第4章で紹介した6種類のアプローチ方法の効果を分析することにした。目的は一番うまくいく方法を見つけ出すこと、つまり顧客の不満や契約解消といったリスクを最小限に抑えながら、値上げを受け入れてもらう最善の方法を見つけることだ。この目的を認識しておくことは重要だ。なぜなら、この調査を通してわたしたちが求めていたのは、顧客が「なるほど！　ようやくわかりましたよ。値上げに大賛成です！」と喜ぶような伝達方法を探すことではないからだ。

　次のシナリオに6種類のアプローチをあてはめた。

　被験者には次の状況をイメージしてもらった——あなたは中

小企業の経営者だ。2年前、あなたはあるベンダーと契約して従業員向けの福利厚生プログラムを充実させることにした。目的は従業員の満足度と定着率を上げること。その契約の満了日が迫ってきた。4%の値上げを受け入れて同じベンダーとの契約を更新するか、それとも新しいベンダーに切り替えるか?

　どのグループにも、4%の値上げという同じ条件を提示した。さらに、2年の契約期間で達成した実績を同じにして、全被験者に最初に説明した(実績の報告は、顧客に好意的に契約を更新してもらうために欠かせないプロセスだ)。それからグループごとにアプローチ方法を変えた。

1.　**見落とされていたニーズを伝えて値上げを正当化(「変化を促すメッセージモデル」)。** ソリューションに重要な変更と最新化を行うために値上げが必要だと伝えれば、顧客は値上げを受け入れやすくなるのではないか?　と想定してこのシナリオを作った。顧客には、調査によってより適した方法が見つかったが、そのためには追加のサービスが必要なため、契約金額が4%上がると説明した。ただ、その結果プログラムの成績が向上するので、1年以内に値上げ分のコストを回収できると請け合った。つまり顧客には前よりも高い金額を払うことになるものの、必要な機能が手に入るし、追加費用は回収できるだろう、と説得するのだ。

2.　**新しい機能を紹介し、価格よりも高い値段を提示して**

から割引を提案。 このグループには、契約更新によって追加される新しい機能と改善点を説明した。新しい機能はパフォーマンスを向上させ、顧客がもっとも重要視する目標に向かって前進させてくれそうだ。通常は機能追加により年間プログラムコストが8%上がるが、既存顧客にはロイヤルカスタマー特典として、半分の4%だけを負担してほしいと提案する。価格を4%値上げする点は他のグループと同じだが、このグループには上乗せした価格を提示したあとに、ロイヤルカスタマー割引を申し出た。

3. **機能の改善を説明して、値上げを提案。** このグループには2番目のグループと同じ説明をしたが、前述の8%といった、上乗せされた値段を先に提示する手法は取らなかった。新しい機能によってパフォーマンスが向上すると説明して、4%の値上げを正当化するにとどめた。

4. **機能の改善を説明して、期間限定割引を提案。** 前述のグループと同様に機能が改善したことや、その結果成績も向上するだろうと述べたうえで、新しい機能には年間で8%の追加コストがかかると伝えた。しかし今回は、今月末までに更新すれば値上げ分を50%割引すると提案した（つまり、正味4%の値上げ）。多くの企業が、顧客に早く更新してもらうためにこの手法を取ることから、わたしたちはこの対照実験で、このアプローチが他のアプローチと比べてど

う評価されるか興味があった。

5. **外部要因によってコスト増になったと説明。** このグループには、外的なコストを値上げの要因に挙げた。とりわけ、規制や法的に変更を義務づけられたためにベンダーのコストが増加し、8%の値上げが必要になった、と説明した。8%という実際よりも高い値上げを提示したあと、サービスとしてベンダー側が追加コストの半分を負担するが、残りの4%は顧客に負担してほしいとお願いした。価格の値上げを提示するときは、実際にこのように言い訳して値上げを正当化することが多い。他のアプローチと比べてこの「言い訳」戦略はどれだけうまくいくか?

6. **現状維持バイアスを強化(「現状維持を促すメッセージモデル」)。** このグループには、既存顧客に有効な「現状維持を促すメッセージモデル」を使って、値上げをお願いした。顧客の現状維持バイアスを強化して、新しいベンダーに乗り換えると、それに伴ってリスクとコストが発生する可能性があると注意する手法が、値上げの交渉でも通用するのではないかと考えたのだ。このグループには非常に保守的なアプローチを取り、アンカリング効果をねらわずに4%の値上げを率直に伝えた。

アンカリング効果とは？

　人間は最初に受け取った情報を基準（アンカー）にして物事を考える傾向があり、こうした認知バイアスは「アンカリング効果」と呼ばれている。不確かなことを判断しなければならないとき、人間は最初に提示された情報を基準にし、それに基づいて価値を評価するのだ。

　ロバート・チャルディーニ博士は、著書『PRE-SUASION:影響力と説得のための革命的瞬間』（誠信書房）のなかで、こうすれば事前に人に影響を与えられるとして、次のエピソードを紹介している。あるコンサルタントがクライアントと商談をしたときの話だ。クライアントが契約料について不安を口にすると、コンサルタントは「おわかりでしょうが、このサービスで100万ドルをいただくわけにはまいりません」と答えた（これまでの実績では、25万〜30万ドルで契約を取れればラッキーというところだった）。相手は100万ドルを基準とみなし、70万ドルで契約を結ぶことに同意した。クライアントは100万ドル以下で契約できたことを喜び、コンサルタントも通常の取引額の2倍以上の金額で契約できたことを喜んだ（＊4）。

　これを、あなたの値上げ交渉でどう活かせばいいだろうか？

> 顧客に値上げを伝える前に、相手はすでにある金額を基準として持っている。その金額はどこから来たか？──あなただ。あなたが事前にそれとなく高めの金額を基準に提示しておけば、いざ値上げを交渉する段階になっても、基準以下の値段であれば、顧客は安いと感じて快く応じてくれるだろう。

＊4　『PRE-SUASION：影響力と説得のための革命的瞬間』ロバート・チャルディーニ著、安藤清志、曽根寛樹訳、誠信書房、2017年

結果

今回の調査では、すべてのグループに4%の値上げを求めた。さらに、どのグループにも最初に初めの契約期間中の実績を同じ内容で報告した。

だがこの調査の結果、アプローチ方法により勝敗がはっきりとわかれた。

一番の敗者は「変化を促すメッセージモデル」を使って「見落とされていたニーズ」を訴えて値上げを正当化したアプローチだ。どのカテゴリーでも最下位となった。

● 「変化を促すメッセージモデル」で値上げを告げられた被験者は、ベンダーに対して好意的な反応をする人が少なく、その割合はもっとも高評価だったアプローチよりも

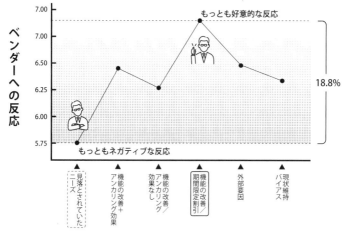

ベンダーへの反応

もっとも好意的な反応

7.00
6.75
6.50
6.25
6.00
5.75

もっともネガティブな反応

18.8%

見落とされていたニーズ
機能の改善＋アンカリング効果
機能の改善／アンカリング効果なし
機能の改善／期間限定割引
外部要因
現状維持バイアス

図5.1

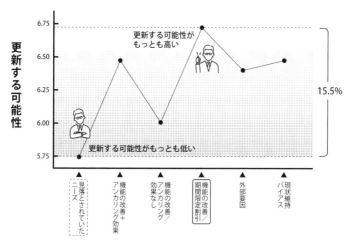

更新する可能性

6.75
6.50
6.25
6.00
5.75

更新する可能性がもっとも高い

更新する可能性がもっとも低い

15.5%

見落とされていたニーズ
機能の改善＋アンカリング効果
機能の改善／アンカリング効果なし
機能の改善／期間限定割引
外部要因
現状維持バイアス

図5.2

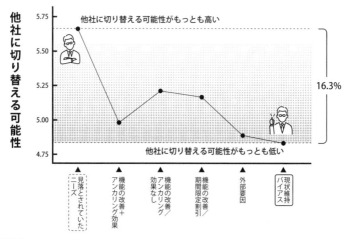

図5.3

図5.1〜5.3　更新を勧める会話では、変化を促すアプローチはうまくいかない。ベンダーに対して好意的な反応をした人も更新する可能性も最低で、他社に切り替える可能性が一番高い。

18·8％低かった（図5.1）。

● 彼らが現在のベンダーとの契約を更新する可能性は、もっとも高評価だったアプローチよりも15·5％低かった（図5.2）。

● さらにこのグループの人たちは、他社から割引価格を提示されたら、他社に切り替える可能性が16·3％高かった（図5.3）。

最低評価だったアプローチ方法がうまくいかなかった理由は何か？　顧客が持っていない新しい機能を提案すれば、相手は

その機能に新たな価値を見出すはず……ではないのだろうか?

　前章で、更新に関する調査の結果を説明したが、覚えているだろうか?　更新の話し合いの際に「見落とされていたニーズ」に触れると悪影響を及ぼすと述べたことを思い出してほしい。リサーチ・パートナーのニック・リー博士によると、あなたが「見落とされていたニーズ」に言及すると、顧客は「自分が求めているものは何か、それをどう入手するのがいいか、もっと慎重に考えなければ」と感じる可能性が高くなるという。顧客の現状に波風を立てると、相手は不安になって、自分の状況を再検討しなければと思うようになるのだ——あなたとのプロバイダー契約を続けるかどうかも含めて。

　他方で、値上げの伝達のなかでもっとも高評価だった方法には、2つの要素が盛り込まれている。1つは、顧客の現状維持バイアスを強化しながらも、顧客のビジネス目標に合わせて、他社にひけをとらないレベルで進化していると説明していること。2つめは、アンカリング効果をねらって高い値段を提示したあとに、割引を提示して相手が確実に更新するようにしていること。

　注目は、「外部要因」を理由に値上げを伝えたグループの結果だ。前章で紹介した調査によると、これがもっとも一般的な戦略だったからだ。結果はまあまあだったが、どのカテゴリーでももっとも高評価だったアプローチより低かった。クライアントにどうしてこの戦略を気に入っているのかと尋ねると、この方法なら顧客に値上げは仕方がないことだし、「プロバイダー

のせいではない」と思ってもらえるからだと答える。これは本能としては理解できる。「本当はこんなことをお願いしたくないんです」と顧客に言い訳する方が楽だろう。だが、顧客の立場に立って考えてみよう。彼らは値上げを言い渡されたのだ。あなたのせいではないとしても、彼らにとって問題であることに変わりはない。

では、一番有望なアプローチは何だろう？　前述の実験の結果（図5.1〜図5.3）によると、一番効果的だったのは、「現状維持を促すメッセージモデル」と期間割引を組み合わせたものだ。

値上げを納得させるのに もっとも効果的な方法とは

この調査で、顧客を維持するのに効果的なメッセージと同様に、値上げを伝えるときも業績を報告して、相手の現状維持バイアスを強化する必要があることがわかった。それから、顧客の当初からのビジネスニーズや目標に向けてパフォーマンスを向上させるべく、他社にひけをとらないレベルで技術を進化させていることを詳しく説明する。次にアンカリング効果をねらって高めの値段を提示したあと、ロイヤルカスタマー割引を提示するのだ（図5.4）。

最も効果のあったアプローチで使われたメッセージを紹介しよう。

値上げを納得させるメッセージモデル

実績を
報告する

「安定を優先する傾向」を強化

前回の
意思決定
プロセスを
振り返る

「安定を優先する傾向」を強化

変化には
リスクが伴うと
注意する

「後悔や非難への恐れ」を強化

変化は
コストがかかる
と強調する

「変化に伴うコストへの懸念」を強化

他社にひけを
とらない進化に
ついて詳しく
説明する

「選択の難しさ」を強化

アンカリング効果
をねらった値上げ
額を提示してか
ら、割引する

上乗せした金額を提示したあと、割引を提示する

図5.4 「値上げを納得させるメッセージモデル」に沿って会話を組み立て、顧客に既存のソリューションの値上げを納得させて、契約を維持してもらおう。

1. 実績を報告する

「この2年間、目標に向けて大いに進歩されましたね。福利厚生プログラムの加入者が20%から50%に増えました。従業員の満足度も上がりました。先日は、何人かの従業員から社内改革を断行したことに感謝されたとおっしゃってましたね。さらに、御社の従業員の定着率も改善傾向にあります。確か、従業員の満足度と定着率を上げることが究極的な目標でしたよね」

2. 前回の意思決定プロセスを振り返る

「2年前に契約したときは、みなさんが熱心に調査をされて、さまざまな選択肢を検討したあと、満場一致で弊社を選んでくださいました。大勢を巻き込んだ長いプロセスで

したが、大きな決断をしてこのプログラムを採用してくだ
さいました」

3. 変化にはリスクが伴うと注意する

「更新のご決断にあたっては、目標を達成するうえで、御
社がきわめて重要な岐路に立っていると認識していただく
ことが重要です。従業員の加入率と定着率に関する御社の
目標を達成するには、この勢いを維持するのが大切だとい
うことも。この時点でプログラムに何らかの変更を加える
と、これまでに達成した実績を失うなど、不必要なリスク
を負うことになりかねません」

4. 変化はコストがかかると強調する

「おまけに他の業者に切り替えるとなると、時間を割いて
業者に必要な情報を提供しなければなりませんし、導入コ
ストやその他の変更にも費用がかかります。弊社との取引
を続けていただければ、そうした時間やお金はかかりませ
ん」

5. 他社にひけをとらない進化について詳しく説明する

「この2年間、わたしたちは加入者の満足度を上げ、クラ
イアントの信頼を深めるために、新しいサービスを開発し
ており、御社のプログラムは市場に出回っている他社のも
のと比べて決して見劣りしないと自負しております。ご契

約の更新を検討していただくにあたり、2つの新サービスをご紹介します。御社の目標を達成するのに大いに役立つでしょう。1つめは新しいマンスリーレポートです。プログラムの参加者が、フィットネス面と健康面でどれだけのメリットを得ているか、さらには、健康管理上どれだけお金を節約できているかを、未加入の方に知っていただくためのものです。このような情報を毎月お伝えすることで、大きなメリットを求めてプログラムに加入してくださるよう、みなさんを優しく促します。

　2つめに、スマートフォン用の新しいオンラインアプリを導入しました。利用者の成果を自動的に記録し、人気のフィットネストラッカーともデータを同期できます。試験的に試したところ、こうしたタッチポイント（訳注：顧客と商品が何らかの形で触れ合い、ブランドイメージが形成される機会）があると、御社のみなさんが福利厚生プログラムからより多くの恩恵が受けられるうえに、目標に向かって前進していると実感できるそうです。プログラムの満足度も上がったことがわかりました」

6.　上乗せした金額を提示したあと、割引を提示する

　「これらの新しいサービスや機能を加えることで、御社のプランの年間コストが8％ほど上昇します。ですが今月中に更新していただければ、値上げ分を50％割り引きます。つまり4％の追加料金だけで、このような高いレベル

のサービスを受けられるのです。御社はこれまで着実に進歩しています。弊社のプログラムをもう2年ご継続いただければ、きっと80%の加入率を達成し、従業員の定着率もさらに向上するでしょう」

よく見ると、「現状維持を促すメッセージモデル」の初めの5段階をしっかり押さえいることがわかる。また「他社にひけをとらない進化を詳しく説明する」ステップで記したように、現状に波風を立てる代わりに、市場に後れを取らないために新しく機能を導入したと説明し、なおかつその機能を顧客が目指してきた加入者を増やしたいという本来の目標に結びつけている。最新だの最先端だのと強調せず、他社に負けない進化をこのように表現すれば、「現職の強み」を損なわずに、市場の動向に遅れていないことを示せる。

さて、これであなたは顧客に既存のソリューションを購入し続けてもらう方法や、値上げを受け入れてもらう方法を学んだ。相手の現状維持バイアスを強化しよう。何であれ、あなたのソリューションに疑問を抱かれるようなことは言わないように。

といっても、もしもそんなメッセージを伝えなければならなくなったら？ 顧客に現在のソリューションから別のものに変えてもらう必要があるが、あなたの会社との取引は続けてもらいたいときはどうすればいいか？

この2つの主旨を備えたメッセージについては、次の章で学ぼう。

第６章

アップセルを提案するには

発展を促す会話

　本書のこれまでの内容から、1つの重要な考え方が立証されたと思う。すなわち、商談での会話はワンパターンでは通用しないということだ。購入のシナリオが違えば相手の心理状態も違ってくるため、異なるアプローチが必要となる。

　ギャップはまだある。しかも大きなギャップだ。大多数の会社と同様に、あなたの会社も顧客に同じものを繰り返し売りたいとは思わないだろう。たとえ顧客にその商品をもっと高い値段で買ってもらえるとしても。やがては新製品や新サービスを売りたくなるはずだ。より良いもの。より価値の高いものを。

　それが「発展を促す」瞬間だ。そして企業は自ら認めているように、その瞬間に大いに誤った方法で顧客に対応している。

発展を促す会話での問題点は何か？

コーポレート・ビジョンズの調査によると、大多数の回答者

107

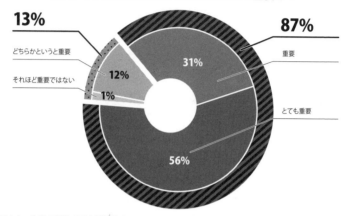

顧客に他の契約への移行／アップセルを勧める会話は、収益アップと顧客維持のためにどれだけ重要か？

13%

どちらかというと重要

それほど重要ではない

12%

1%

31%

87%

重要

とても重要

56%

図6.1　企業の収益や顧客維持戦略にとって、アップセルや追加購入は重要だと大多数の企業が認めているが……。

が顧客により価値の高いソリューションを売り込むこと（アップセル）は、自社の成長戦略において「不可欠だ」と考えている。自社の収益目標や顧客の維持目標を達成するために、アップセルは「重要」または「とても重要」と考えている回答者は87%にのぼるのだ（図6.1）。にもかかわらず60%もの企業が、既存顧客に新しいソリューションに切り替えてもらう割合や切り替えるまでのスパンについて「どちらかというと満足」か、それ以下だと認めているのだ（図6.2）。

　理論上は、顧客に新しいソリューションに切り替えてもらうことは、新規の見込み顧客にソリューションを買ってもらうよりも容易だろう。既存顧客はあなたと既知の仲だ。これまでの

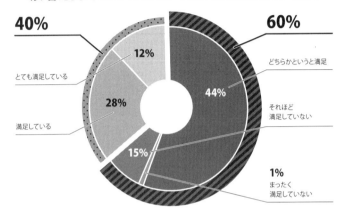

あなたの会社は、新しいソリューションに切り替える顧客の割合と、切り替えるまでのスパンについて、どれだけ満足しているか?

40%

12% とても満足している

28% 満足している

60%

44% どちらかというと満足

15% それほど満足していない

1% まったく満足していない

図6.2 しかし、企業は既存顧客に新しいソリューションに切り替えさせる営業手腕には満足していない。

実績もある。おそらく彼らはあなたのマーケティング・コミュニケーションに注意を払うだろうし、新商品の説明を聞くために会ってくれる可能性も高そうだ。

　だが、その会話は突発的に脱線するかもしれない。隠れていた問題や複雑な問題が明るみに出て、より価値のある関係を築く機会が損なわれ、場合によっては関係を築き直さなければならなくなるかもしれない。

　発展を促す会話で成功すれば、カスタマーエクスペリエンス（顧客体験）が向上して、長続きする関係を作りやすくなるだろう。ここでつまずいたら、顧客との関係が行き詰まる。顧客を維持できてもビジネスを拡大できなければ、年間の収益目標を

達成できる可能性がどれだけあるか、自問してみよう。

　問題は、横ばい状態の売り上げだけではない。顧客があっと驚くようなエクスペリエンスやソリューションを提供し続けなければ、彼らは競合他社の心躍るような宣伝文句に引きつけられるかもしれない。顧客との関係が行き詰まるどころではない。顧客を完全に失いかねないのだ。

　アップセルを促すメッセージモデルの話題に入る前に、この重要な会話のどこで失敗する可能性があるかを調べてみる価値がありそうだ。

　アップセルを成功させるには、次の５つの課題を満たすメッセージを伝えなければならない。

1. **現ソリューションとの差が大きいか？**――顧客は喧噪に満ちた世の中で生きている。そのなかをかいくぐって、あなたが提案するソリューションをしっかり差別化して勧め、顧客に行動を促すのは容易ではない。現状維持バイアスについて前述したように、顧客はどこも似たり寄ったりだと思ったら、現状維持が一番の安全策となる。となれば、どうやって顧客が予期しないようなメッセージを作ればいいか？――それも、顧客の関心を駆り立てるような際立つメッセージが必要だ。

2. **相手の成功に大いに役立つものか？**――あなたが顧客にとっての「レギュラー」となったのは、ソリューション

を購入したらどうなるかというビジョンを顧客に見せたからだ——つまり顧客が、成功するにはあなたとあなたのソリューションが欠かせないと思えるような未来像を描いたといっても、新しいソリューションも当然、そのビジョンに合致するものでなければならない。さもないとズレが生じてあなたの「現職の強み」が失われるかもしれない。

3. **個人的に訴えるような説得力があるか？** ——あなたの新しいソリューションが顧客のビジネスにもたらす価値を伝えるだけでなく、相手が個人的にも納得してあなたの提案を擁護しようと思えるような言葉を伝えよう。

4. **変化へと駆り立てるような内容か？** ——「レギュラー」としてのあなたのアドバンテージの1つは、顧客はいかなる変化をもリスクとみなすことだ。では、あなたのアドバンテージを犠牲にすることなく、顧客にリスクを承知で変化を優先させるにはどうしたらいいか？

5. **購買意欲をかき立てる内容か？** ——結局のところ、重要なのは買ってもらうことだ。あなたのソリューションを買いそうか、否か？　ちょっとしたアドバンテージも大きな違いを生み出すことがある。では、どうやってエッジの効いたメッセージを作り出せばいいか？

これらの課題をまとめると、ある難問が浮かび上がる。これらすべてを満足させるには、2つの問いに答えられなければならないのだ。「なぜ変えるのか？」（理想的な顧客獲得メッセージモデルで対応）と「なぜ取引を続けるのか？」（最強の顧客維持メッセージモデルで対応）という問いである。とはいえ、本書では既存顧客に「変化を促すメッセージモデル」は危険だと何度も述べた。さらに、顧客の現状を変える唯一の方法は波風を立てることだ、とも。つまり、現状維持バイアスを強化しながら、変化を促すための波風を立てるという、微妙なバランスを維持しなければならないのだ。超ベテランのマーケッターや営業担当者にとってさえ困難な提案だ。

　アップセルを促す会話は会社の成長に欠かせないため、行き当たりばったりな方法や、当てずっぽう、科学的に根拠のない方法ではうまくいかないだろう。その瞬間の買い手の心理に基づいたメッセージにしなければならない。

　端的に言うと、独自のメッセージモデルが必要ということだ。

第7章

発展を促すメッセージ
──最強のフレームワーク

　顧客に発展を促す方法を調査するため、わたしたちは引き続きウォーリック・ビジネス・スクールのニック・リー博士に協力してもらった。ミッションは「ソリューションやサービスのアップグレードや追加購入を既存顧客に勧めるのに役立つメッセージモデルを作ること」だ。

　では、その実験方法を説明しよう。

　最初に条件を5つ設定したうえで、被験者をランダムにそのうちの1つに割り当てた。被験者全員に、あなたは意思決定者の立場にあり、長く取引しているソフトウェアベンダーの営業担当者と話し合っているところだとイメージしてもらった。あなたはその会社のビジネス・インテリジェンス・ソフトウェアを使っているが、営業担当者は、旧態化したオン・プレミス型から、クラウド型で最新のビジネス・アナリティクス・ソリューションに切り替えるよう説得しようとしている。

　被験者には、次の5種類のメッセージのうちの1つを聞いてもらった。

113

1. **製品をもてはやすメッセージ**――新しいソリューショ
   ンを発表するときに、多くの企業が使うメッセージモデル
   だ。商品に重きを置き、新たに改善された機能や利点を重
   点的に強調する。

2. **変化を促すメッセージ**――刺激的でエッジの効いた
   メッセージ。このメッセージは、他社からの顧客を奪う、
   または見込み顧客に商品を買ってもらうときに有効なこと
   が証明されている。果たして、発展を促すシナリオでも効
   果を発揮できるだろうか？

3. **現状維持を促すメッセージ**――前の調査で、契約期限が
   終了間近の既存顧客を説得して更新させるには、このメッ
   セージが一番効果的であることがわかった。だが、契約の
   途中でアップセルしたいときに、このメッセージはどう役
   立つのか？

4. **関係性を強調して感情に訴えるメッセージ**――「変化を
   促すメッセージモデル」と「現状維持を促すメッセージモ
   デル」を組み合わせた「ハイブリッド」型のメッセージだ。
   感情に訴える強い言葉を使って顧客とベンダーの協力関係
   を強調する一方で、共有している問題やチャンスについて
   率直に話す。

5. **社会的影響を強調するメッセージ**── このメッセージ
は、同調圧力を利用して被験者に強い動機づけを行う。被
験者に、同業他社の多くはみなこうしているのだから、あ
なたも早くしないと後れを取ってしまうと説得するのだ。

　他の実験と同様に、被験者には5つのうちの1つのメッセー
ジだけを聞いてもらい、そのあと、前章で挙げた5つの重要な
課題に沿った一連の問いに点数で答えてもらった。そして、彼
らの回答から平均値を算出して、各評価分野について指数化し
た。

発展を促す会話についての調査結果

　この実験で、各メッセージに対する好意的な反応をすべて組
み合わせて全体的に評価したところ、一番成績が良かったの
は4番目のシナリオだった。「関係性を強調して感情に訴える」
ハイブリッド型のメッセージだ。このメッセージは、他のメッ
セージよりも4.3 〜 5.8%ほど高い評価を得た（図7.1）。
　第6章で5つの重要な課題を挙げたが、各メッセージがこれ
らの課題にどれほどうまく対応できたかも探った。ここでもま
た、「関係性を強調して感情に訴える」メッセージがすべての
課題で一番良い成績を収めた── しかも効果量がさらに大きく
なっている（図7.2 〜 7.6）。

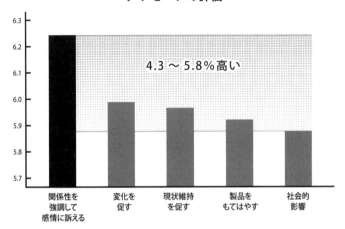

メッセージの評価

4.3 ～ 5.8％高い

関係性を　　　変化を　　　現状維持　　　製品を　　　社会的
強調して　　　促す　　　を促す　　　もてはやす　　　影響
感情に訴える

図7.1　「関係性を強調して感情に訴える」ハイブリッド型のメッセージが勝った──その他の
メッセージよりも最高で5.8％評価が高かった。

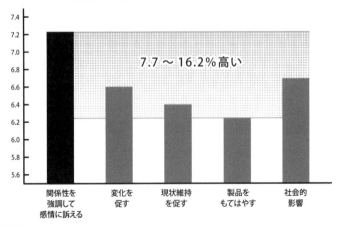

この意思決定は自社の成功にどれだけ重要だと思うか？

7.7 ～ 16.2％高い

関係性を　　　変化を　　　現状維持　　　製品を　　　社会的
強調して　　　促す　　　を促す　　　もてはやす　　　影響
感情に訴える

図7.2

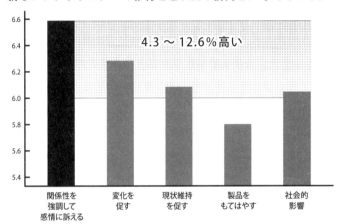

新しいソフトウェアへの移行をどれだけ前向きに考えているか？

4.3 ～ 12.6％高い

関係性を
強調して
感情に訴える

変化を
促す

現状維持
を促す

製品を
もてはやす

社会的
影響

図7.3

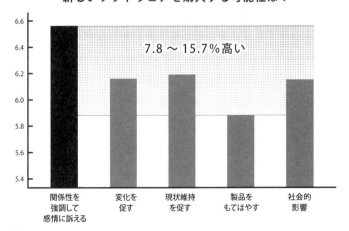

新しいソフトウェアを購入する可能性は？

7.8 ～ 15.7％高い

関係性を
強調して
感情に訴える

変化を
促す

現状維持
を促す

製品を
もてはやす

社会的
影響

図7.4

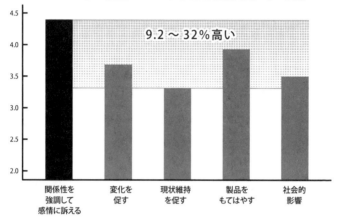

プレゼンはどの程度ユニークまたは意外性があったか？

9.2 〜 32%高い

関係性を
強調して
感情に訴える

変化を
促す

現状維持
を促す

製品を
もてはやす

社会的
影響

図7.5

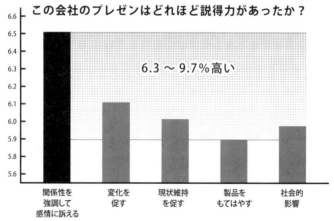

**新しいソフトウェアに移行するのに、
この会社のプレゼンはどれほど説得力があったか？**

6.3 〜 9.7%高い

関係性を
強調して
感情に訴える

変化を
促す

現状維持
を促す

製品を
もてはやす

社会的
影響

図7.6
図7.2 〜 7.6　この実験では5つの重要な課題──成功するために重要か、新しいソフトウェ
アに移行したいか、購入すると思うか、プレゼンのユニークさや意外性、購入したいと思える
ほど説得力があるか──をテストした。すべての課題において、関係性を強調して感情に訴え
るプレゼンの成績が、その他のプレゼンを上まわった。

　注目してほしいのが、「製品をもてはやすメッセージ」の成績が振るわなかったことだ。「新しいソフトウェアに移行したいか？」と「新しいソフトウェアを購入すると思うか？」といった鍵となるカテゴリーで、他のメッセージを下まわった。言い換えると、既存顧客に「発展を促すメッセージ」を伝えたときと同じような反応が返ってきたのだ。

　いよいよ不可解である。第6章で説明したように、多くの企業が顧客にアップグレードを勧めるときに好んでこの方法を使っているからだ。つまり、企業は、「新しさ」をアピールすれば顧客はもっと買ってくれるだろうと想定して、製品の宣伝に依存しすぎているのだろう。

　でも、ちょっと考えてみてほしい。経験豊富なマーケッターや営業担当者はかねてから、買い手が商品のあからさまな宣伝を嫌うことを知っていたはずだし、そうした手法を使わない方がいいとわかっているはずだ。にもかかわらず、どういうわけか、アップグレードを提案する状況になると、完全に理性を失ってしまうらしい──そして新機能を主な理由に挙げて、顧客に変更するよう勧めることに何の違和感も覚えない。実際に営業担当者は、さも顧客のためであるかのように脚色して売り込むことが多い。「つい先日、うちの最新のソリューションのトレーニングを受けたのですが、すぐにお客さまのことを思い出しましたよ。お客さまの環境にぴったりだと思いまして、ぜひともご紹介させていただけませんか」

　顧客のことを思いやるとは、何とすばらしい。自分のことを

気にかけてくれていたと知って、顧客は喜ぶだろう。そして、あなたが次々と挙げる粋な機能に感動するかもしれない。だが、あなたがそうした機能を適切なコンテクストにあてはめない限り——つまり、正しく演出されたメッセージのなかで相手のニーズを表現しない限り——相手は行動に移すほどには気にかけないだろう。

最強のメッセージは、関係性を強調して感情に訴える「ハイブリッド型」

今回の実験では、関係性を強調して感情に訴えるプレゼン（図7.7）が一番良い成績を収めた。

では、最も効果のあったメッセージモデルを紹介しよう。また、各要素の評価が高かった理由について、わたしたちの分析も説明する。

1. **実績を報告する**——「9年以上におよぶ協力関係において、わたしたちは組織的な効率化をはかり、顧客満足度を上げ、収益を維持してアップさせるという御社の目標に向けて一丸となって取り組んできました」

「現状維持を促すメッセージモデル」と同様、もっとも効果的な出だしは、あなたと顧客が協力して成し遂げた輝かしい実績をすべて挙げて、関係の強化をはかることだ。最高の成果が得られた指標だけを取り上げてはいけない。現

発展を促すメッセージモデル

実績を報告する	周囲からのプレッシャーを強調する	「厳しい現実」を伝える	変化を拒否した場合のリスク	改善するチャンスだと説明する
取引期間中の実績やあなたとの提携がもたらしたインパクトを数量化する。達成に向けてあなたが今日までサポートしてきた彼らの目標を再確認する	内側や外側からのプレッシャーは、脅威や妨害ではなく、前進や発展に不可欠だと言う	信頼されるパートナーとしての立場から、彼らが社内外で逸した可能性のある機会を説明する	進化を拒んだり、世の中に後れを取ったりすると有害なリスクや悪影響があるかもしれないと強調する	個人の感情に訴える言葉で、ソリューションの主導権を相手に譲り、変化に伴って社内外で得られるすべてのメリットはあなたの手柄になると伝える

図7.7　既存顧客に製品やサービスのアップグレードや追加購入を勧めるときは、「発展を促すメッセージ」モデルを使おう。

　状維持を促す場合と同様に、顧客の目標に向かって前進している限りは、成果が得られなかった領域があっても問題はない。

2. 周囲からのプレッシャーを強調する——「世の中と同様、ビジネスニーズは変わりますし、技術も進化します。社外では、個別のソリューションや迅速な対応を求める顧客基盤に対応しなければなりません。社内では、最新のツールやより柔軟な働き方など、従業員から求められるものも変わります」

　ハイブリッド型のメッセージモデルはここから始まる。

相手に変化を意識させよう。さもないと、顧客は違うことをやる理由がないからだ。と同時に、大胆な提案を持ち出して、顧客に他の選択肢をあたられても困る。発展への圧力を必然的な進歩だと説明すれば、あなたの「現職の強み」を犠牲にすることなく、現状を変えなければと意識させられるだろう。

3. **「厳しい現実」を伝える**——「パートナーとして、成果があったところだけに注目したくなりますが、良きパートナーの役割は厳しい現実も伝えることです。実際のところ、御社のみなさんからは、弊社のソフトウェアは気に入っているけれど、異なるソースからのデータを統合するのに時間がかかって困るとのご意見をいただきました。御社のシステムでデータが統合されたあとも、もどかしさを感じるとのことでした。それというのも、御社の現在のバージョンは、使用できる標準的なレポートビューの数が限られているからです」

　発展を促す会話において、ここはもっともデリケートなステップだが、もっとも重要なところでもある。厳しい現実というのは、顧客の現在のやり方のなかにある欠陥や欠けている点だ——そしてそれをもともと作ったのはあなたでもある。そのことを顧客に打ち明けるには、心を開いて弱みをさらけ出す必要があるが、だからこそ相手の心を動かしやすい。顧客の現状にあなたが関係している場合は、

「他社に後れを取りつつありますよ。このままではすぐに時代遅れになります」と簡単に済ませるわけにはいかない。あなたにできるのは、最近の傾向を再び取り上げて、あなたの製品やサービスに足りないところを認めることだ。言うまでもなく、あなたの新しいソリューションはその欠陥を補えるものでなければならない。

4.　変化を拒否した場合のリスクを強調する──「これらが非効率的では、仕事熱心な御社のみなさんも無駄な領域を特定するのが困難になるでしょう。つまり、組織全体が時間を無駄にしているということです。みなさんがいらいらして不満を抱くだけでなく、思ったように個別の情報を受け取ってすぐに実行できないクライアントも、腹を立てるかもしれません。こうした欲求不満は従業員の退職や顧客離れを引き起こす可能性があります」

　人間にとってリスクは強力な動機となる。第1章で説明したように、人間は利益を得るためよりも、損失を回避するための方が変化を起こす可能性が2、3倍高くなる。そのため顧客に何か新しいメッセージを伝えるときは、利点をいくつも列挙するのではなく、顧客が直面するリスクを率直に説明しよう。その際には、ベンダーであるあなたがリスクの源だと思われないよう、バランスを取りながらリスクを伝えること。

5. 改善するチャンスだと説明する——「ですが、御社のビ
ジネスに欠かせないこのソフトウェアの最新バージョンを
導入すれば、従業員のみなさんを安心させられるでしょう。
弊社のクラウド型ソリューションにアップグレードしてい
ただければ、より速くてシンプルで柔軟な事業管理機能を
持てるため、1つのアプリを使って複数のソースから簡単
にデータを取得し分析できます。また、その強力なAI機
能を活用すれば、標準的なレポートを50本以上作成でき
ますし、ビジネスに合わせてカスタマイズすることも可能
です。その結果、より有益な情報分析や新たな発見が得ら
れて御社の業務がスピードアップしますし、社内のみなさ
んと社外の顧客、両方の満足度が上がるでしょう」

　やってはいけないことを伝えるだけでは、すぐれたメッ
セージにはならない。何をするべきかという戦略も伝える
必要がある。あなたのソリューションを使ったらどうなる
か、それを使って成功するイメージを思い描かせて、彼ら
の未来がどうなるかを示そう。この演出では、あなたのソ
リューションはその目標に到達するための手段に過ぎな
い。あなたの意図が正しく伝われば、相手は革命的な変化
だとはとらえず、むしろ次の段階への必然的な進化だと解
釈してくれるだろう。

　この実験で、被験者に「現在のソリューションを続ける可能性はどれくらい高いですか？」と尋ねたときに、おもしろい結果が得られた。予想どおり、現状維持を促すストーリーがもっとも効果的だと判明したのだ（図7.8）。

　この結果は、顧客に更新や値上げをお願いする方法について調べた前回の調査と一致する。前回も、既存顧客に現在の契約を続けるよう説得するには、新しいアイデアや刺激的な情報を紹介するメッセージよりも、現状維持バイアスを強化するメッセージの方が適していると判明した。

現在のソリューションを継続する可能性はどれだけ高いか

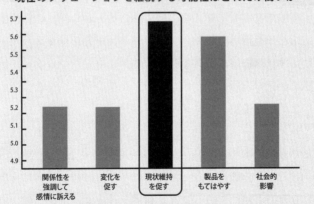

図7.8　顧客にいまのソリューションを継続するよう説得するのに一番効果的なアプローチは、またしても現状維持バイアスを強化する方法だとわかった。

> 顧客にいまのソリューションを継続してもらうには、今回も「現状維持を促すメッセージ」が有効だったことから、このメッセージモデルは顧客に更新を勧める会話でも強力だと確認できた——といってもそれは、顧客に同じソリューションを買い続けてもらうことが目標ならばの話だ。顧客により高いものやより上位のものを買ってもらうことが目標なら、発展を促す瞬間のために練られた言葉を伝える必要がある。

　わたしたちは、顧客にアップセルを勧めるときには、変化を促す刺激的なメッセージや、現状維持を促す保守的なメッセージよりも、異なるタイプのメッセージが必要ではないかという仮説を立てた。ハイブリッド型メッセージモデルは、重要な指標すべてで安定して成果を上げていることから、この仮説が正しいことが裏付けられた。ストレートに購入を促すメッセージでも、現状維持バイアスを強化するメッセージでもなく、両方の要素を組み合わせて、あなたの「現職の強み」を最大限に利用しながら、変更を促すメッセージだ。

　このメッセージの目的は、大きな改革へと顧客を駆り立てることでも、既存のソリューションを更新させることでもない。そう考えると、理にかなっているだろう。目標は顧客に発展してもらうことだ。といっても、目標を達成するために欠かせない前進という意味においてだが。このような「管理された変化」を促すメッセージは、顧客に停滞することはないと請け合うも

のだ。おまけに顧客はあなたの革新的なソリューションを喜ん
で受け入れてくれるだろう。

第8章

謝罪よりも難しいこと

謝罪の科学とアップセル／クロスセル

　いまのあなたは、顧客に現状維持を促すときも、値上げを納得させるときも、発展を促すときも、実績を報告することが重要だと認識している。顧客が最初に掲げた目標達成に貢献しそうな具体的な成果を上げられれば、顧客の現状維持バイアスを強化して、あなたの「現職の強み」を活かせる。

　しかし、もし顧客との関係が完璧なものではなかったら？あるいは、あなたが迷惑をかけたことがあったら？

　短期間でもビジネスに携わった人ならば、大きな失敗をやらかして胃がきりきりと痛む経験をしたことがあるに違いない。ネットワークが停止した。注文を間違えた。製品をリコールしなければならない、など。

　どのような事情であれ、その失敗をどう処理するか、そしてそれを処理するまでにどんな会話を交わすかで、あなたに対する顧客の気持ちは変わるだろう。実際、顧客の重大局面で適切に処理すれば、顧客との関係を維持できるだけでなく、さらに

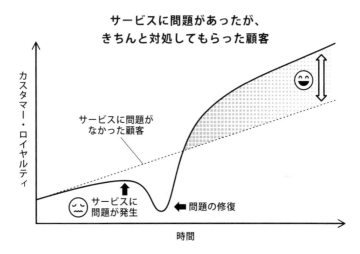

**サービスに問題があったが、
きちんと対処してもらった顧客**

図8.1　顧客は、何ら問題がなかったときよりも、問題をきちんと解決してもらったあとの方がベンダーを高く評価する。この現象をサービス・リカバリー・パラドックスという。

一歩踏み込んだ関係に発展できるかもしれない。

　顧客は、問題が一切起きなかったときよりも、あなたが問題をきちんと解決したときの方が、あなたを高く評価する傾向がある——これはサービス・リカバリー・パラドックス（SRP）と呼ばれる科学的理論だ（図8.1）。名前を聞いたことがなくても、おそらくあなたも経験したことがあるだろう。

　前回飛行機が遅延したときの苦痛を思い出してほしい。現場は大騒ぎとなり、アナウンスが混乱するかちぐはぐになり、搭乗ゲートのグランドスタッフにぞんざいに扱われたら、あなたはもう二度とこの航空会社を選ばないと誓うだろう。だが、最新の状況をタイムリーに伝えてもらい、おわびに食事の割引券

やボーナスマイルをもらい、グランドスタッフから同情的で申し訳なさそうに対応されたら、おそらくあなたは「仕方がないか。この状況でベストを尽くしてくれたし、みんなとてもプロフェッショナルだった」と思うだろう。おまけに航空会社の対応が丁寧だったと知人に話すかもしれない。

それがサービス・リカバリー・パラドックスの効果だ。だが、その効果を最大限に高めるには、失敗も事後も適切に処理しなければならない——謝罪の会話も含めて。

謝罪は重要か？

どの顧客とも申し分のない関係を維持している、少なくとも大きな問題はないと思えるのならすばらしい。だが、それは難しいだろうと、わたしたちはベンダーが顧客の目標の50％を達成したと想定してシミュレーションを行った。

企業によっては、50％の達成率なんて低すぎると感じるかもしれない。だが、到底超えられないハードルだと感じる企業もあるだろう。特に、前途多難なスタートを切ったプロジェクトではそう感じる可能性が高い。どのような状況であれ、取引関係においては、どこかの時点であなたは「申し訳ありません」と謝る方法を模索することになるだろう。そういうわけで、正しく謝ることはきわめて重要な会話なのではないだろうか。

ほとんどの企業は同意見だ。

コーポレート・ビジョンズの調査では、回答者の78％以上

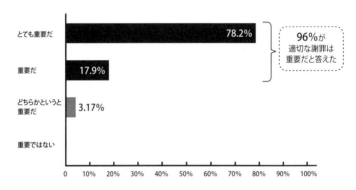

あなたのソリューションに大きな問題が起きたときに、顧客を納得させられるような効果的な謝罪ができるか否かは、あなたの会社の成功にとってどれだけ重要か？

とても重要だ	78.2%
重要だ	17.9%
どちらかというと重要だ	3.17%
重要ではない	

96%が適切な謝罪は重要だと答えた

0 10% 20% 30% 40% 50% 60% 70% 80% 90% 100%

図8.2　調査の結果、組織の96％が適切な謝罪は重要だと答えているのだが……。

が謝罪はとても重要だと考え、さらには顧客維持率を保ち、収益を拡大させるには、顧客が納得するような謝罪ができなければならないと考えている（図8.2）。

　この回答を見ても、わたしたちは驚かなかった。

　驚いたのは、そう答えた人たちが実際に謝罪する段階になると、準備が実におそまつになることだ（図8.3）。謝罪方法が明確に決まっていて、マニュアル化されてみんなに共有されて利用されていると答えたのは、たったの13％だった。約半数（44・5％）は場当たり的なアプローチを取っている。そして10％弱が「即興で対応」している、すなわち顧客の各担当者にこの難しい会話の対応を任せていると認めたのだ。

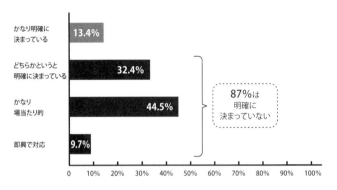

あなたのソリューションが原因で顧客に深刻な問題が発生したとき、あなたの会社ではクライアントに謝罪するプロセスがどれだけ明確に決まっているか？

かなり明確に決まっている　**13.4%**

どちらかというと明確に決まっている　**32.4%**

かなり場当たり的　**44.5%**

即興で対応　**9.7%**

87%は明確に決まっていない

図8.3　にもかかわらず、適切に謝罪するためのプロセスが定められているのはわずか13%。

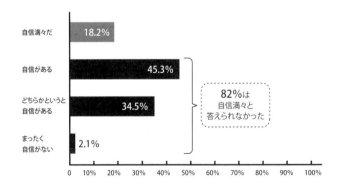

ソリューションで大きな問題が発生したときに、顧客に対して効果的な謝罪を行っていると、あなたはどれだけ自信を持っているか？

自信満々だ　**18.2%**

自信がある　**45.3%**

どちらかというと自信がある　**34.5%**

まったく自信がない　**2.1%**

82%は自信満々と答えられなかった

図8.4　謝罪の効果について「自信満々」と答えた企業がわずか18%にとどまったのは、謝罪は重要だと認識しながらも、明確に決められた謝罪プロセスがないからかもしれない。

謝罪の有効性について「自信満々」と答えられなかった回答者が82％いたのも、無理はない（図8.4）。彼らがサービス・リカバリー・パラドックスの恩恵を受けているとしたら、おそらくたまたま運が良かったのだろう。

サービス・リカバリー・パラドックスを解明すると

　失敗してもそれをうまくリカバリーできればビジネスにプラスになるというアイデアは、企業と消費者が取引するＢtoＣ業界では広く報告されていたが、企業間取引（ＢtoＢ）の世界できちんと検証されたことはなかった。その状況が変わったのは、2018年に『ジャーナル・オブ・ビジネス＆インダストリアル・マーケティング』誌（未邦訳）に、ＢtoＢの状況においてサービス・リカバリー・パラドックスが有効だと証明する論文が発表されてからだ[＊5]。

　同論文は、ＢtoＢの状況においてサービス・リカバリー・パラドックスを誘発する主要な要素は4つあると述べている。

＊5　Denis Hübner, Stephan Wagner, and Stefan Kurpjuweit, "The Service Recovery Paradox in B2B Relationships," *Journal of Business & Industrial Marketing,* February 2018.

1.　率先した行動——たとえ問題の直接的な原因がプロバイダーになくても、あるいは下請け業者や第三者が原因で

あっても、進んでそれを直そうとする姿勢のこと。言い換えると、たとえ不具合があなたのせいではなくても、顧客はあなたが責任を転嫁して言い訳するのを聞きたくないのだ。彼らはあなたが全責任を負うものと思い、あなたがプロとして厳しく問題解決にあたるものと期待する。そしてあなたがその責任を果たしたら、あなたに報いようとするだろう。

2. 反応の早さ ── 不具合による休止時間が顧客にとって痛手となる場合は、すぐに対応して速やかに修復に向けた行動を取ること。問題が見つかったら、または問題がありそうだと察知したら、すぐに修復するための手段を講じるのだ。そうすれば、その問題からあなたが信用を回復する可能性は、ぐずぐずと対応するプロバイダーよりも高くなる。

3. 補償 ── 物理的なリソースや金銭的なリソースで弁済すること。企業間取引では、顧客側は不具合のコストを提供業者に請求できない場合が多いが、不具合に対する一種の補償は求めるだろう。といっても全額を返済したり、過剰なサービスをしたりする必要はない。しかし相手はあなたが追加のリソースを無償で提供して、サービスの不具合をできるだけ早く解決してくれるものと期待する。あとで金銭的に補償しても、サービス・リカバリー・パラドック

スの効果は期待できないし、顧客の信頼も回復しないだろう。相手があなたに期待するのは、事後の埋め合わせではなく、すぐに無償で問題を解決してくれることだからだ。

4. **謝罪**——礼儀正しさ、思いやり、クライアントへの気配りが伝わるような、後悔の念を表現すること。不具合の根本的な原因を解決しようと努力していることや、説得力のある言葉で再発防止に取り組んでいることを伝えられれば、サービス・リカバリー・パラドックスが効いて、あなたの好感度はアップするだろう。

謝罪を構成する要素

4つの要素のうち、最初の3つはサービス・リカバリー・パラドックスに不可欠だが、4つめの要素である謝罪をしっかりと顧客に伝えなければ、最初の3つも伝わらないだろう。そしてそれができなければ、顧客はあなたに感謝することも、あなたの努力を評価することもなく、サービス・リカバリー・パラドックスは効果を発揮できないまま消えるだろう。マーケターであれ営業担当者であれ、謝罪はコントロールできる要素だ。補償するにもエスカレーションするにも社内の承認を取る必要はあるかもしれないが、正しいことを言うのはあなたの自由だ。

謝罪はメッセージの効果と密接に関係しているため、わたし

たちは興味を抱いた。

　謝罪に関する基礎的な研究として、わたしたちは2016年に発表された「効果的な謝罪の構造に関する調査」と題する論文に注目した。この論文によると、サービスの提供者が効果的に謝罪するには5つの段階を踏まなければならないという（＊6）。

＊6　Roy Lewicki, Beth Polin, and Robert B. Lount, "An Exploration of the Structure of Effective Apologies," *Negotiation and Conflict Management Research,* May 2016.

1.　責任を認める——サービスの不具合の原因は自分たちの責任でもあると理解していることをはっきりと伝える。

2.　修理を申し出る——不具合を解決する方法を伝え、顧客との関係を再構築するために努力する。

3.　問題を説明する——不具合の原因を説明する。

4.　おわびの気持ちを伝える——その問題に対して申し訳ない気持ちでいることを伝える。

5.　二度と繰り返さないと明言する——二度と問題を繰り返さないと約束する。

メッセージモデルはどこだ？

　これはとても包括的な内容に見える。だが、欠けている要素が2つある。

　1つめは順序だ。謝罪の科学に関する既存の文献をくまなく調べたが、順序に関するガイダンスは見つからなかった。謝罪するにあたって、プロバイダーが先の5段階をどの順番で進めるかで、謝罪の効果に大きく影響するのだろうか？

　2つめはもっと気になることなのだが、プロバイダーにとっての望ましい結果とは何だろうか？　既存の文献は、謝罪の一般的な効果について研究しているが、謝罪が営業やマーケティングの実績にどう影響を与えたかを検証していない。謝罪しても顧客があなたとの取引を継続するか否かの判断に影響を与えないのであれば、謝罪の意味がないのではないか？　謝罪すると、あなたはほっとするだろう。だが、顧客の気分が良くなっても、あなたとの取引を継続してくれなければ、あなたの努力は報われないのでは？

　要するに、B to B企業に対する謝罪方法を開発して伝えようにも、科学的に検証された正式なメッセージモデルがないのだ。

　そういうわけでわたしたちは、メッセージモデル作りに着手することにした。

第9章

サービスの不具合を
効果的に謝るには

　わたしたちは科学的に証明された謝罪メッセージのモデルを作りたいと考え、まずは調査範囲を広げて、北米とヨーロッパの被験者500人を対象に実験を行った。ウォーリック・ビジネス・スクールのニック・リー博士の協力を得て、次のような実験シナリオを作った。まず、被験者に、あなたは顧客でサービスに不具合があったと想定してほしいとお願いする。それから、そのサービスのプロバイダーの対応をどう思ったかに関する質問に答えてもらった。尋ねたのはサービス・リカバリー・パラドックスに関わる重要な質問だ。

　サービス・リカバリー・パラドックスが生じるのは、根本的なサービスの不具合が、研究者が言うところの「無関心圏」を超えたとき。つまり日常的なミスや、売り手と買い手との関係でよく起きる、形式的な謝罪で済む事態を超えたときだ。そのため、わたしたちは被験者が頭を抱えそうな、幅広い利害関係者に影響がおよぶ不具合が起きたというシナリオを考える必要があった。

わたしたちが考えたシナリオを紹介しよう。

　「あなたは人事部の福利厚生を管理するマネージャーだと
イメージしてください。

　手当の申請期限が迫るなか、従業員が手当を申請するの
に使うソフトウェアがダウンしてしばらく使えなくなりま
した。従業員から直接あなたに問い合わせや不満、特に締
め切りが迫っているのに、どうしたらいいのかと尋ねる
メールが送られてきます。従業員はITの部署にもサポー
トリクエストを送りますが、IT担当者では問題を解決で
きません。というのも、問題はソフトウェアのサプライヤー
にあったからです。

　人事部の上層部やその他のマネージャーたちは、問題は
いつ解決できそうかと、最新情報を求めて何度もあなたに
問い合わせてきます。最終的にソフトウェアに再び接続で
きるようになり、申請期間が終了しました。ですが諸手当
を担当するあなたたちは、全従業員が必要な手当を受けら
れるよう膨大な量の確認作業に追われました。会社の上層
部は、この一件が従業員の満足度に影響を与えるのではな
いかと心配して、あなたに次々と質問し、相談してきます」

　被験者にサービスの不具合とその顛末について読んでもらっ
たあと、わたしたちは次の手順を行った。

①被験者に、この話に出てくるサプライヤーに対するネガ
ティブな感情を、もっとも悪い感情を1として、1～9で
評価してもらった。

②サプライヤーに対する感情を1か2と評価した人を、もっ
とも腹を立てている回答者として選び、謝罪メッセージの
実験に参加してもらうことにした。

③第8章で説明した5つの要素（ステップ）が含まれる謝罪文
を作成した。

5種類の謝罪文を作成したあと、被験者にはそのうちの1種
類をランダムに割り当てて、次のように話した。

「この深刻な問題によって、あなたの部署は大変な状況に
陥りました。それ以降初めて、そのソフトウェアのサプラ
イヤーと会うことになりました。次にお見せするのは、そ
の事態に対するサプライヤーの回答です」

最後に、謝罪文を読んでから、被験者に一連の質問に答えて
もらった。そして、もっとも腹を立てて不満のある被験者（最
初にサプライヤーにもっともネガティブな感情を抱いた人たち）の回
答を参考にして、さまざまな謝罪方法の影響力の大きさを比較
した。目的は、どのメッセージモデルが「一番辛辣な」顧客の

反応を改善させたかを突き止めて、読者が顧客との問題に直面したときに指針となる、最強の解決策を提供することだ。

　わたしたちは謝罪の各要素につき1〜2文程度の文章を作った。それから、各要素の順番を変えて数パターンの実験条件を作り、被験者に伝えた。ちなみに既存の調査で、謝罪の各要素には効果があることが証明されている。

　一番良いアプローチを見つけ出すために、5つの要素の順番を変えて4つの組み合わせを作った。さらに、企業間取引では「体裁を取り繕った内容」を嫌い、率直な事実だけを知りたいと言う人が多いため、コントロールグループとして5番目の実験条件を設定した。5番目の条件には事実重視型の要素2つだけを入れて、感情的な要素を省いた。感情に訴えるテストメッセージと比べて、問題を説明して修理を申し出るだけの淡々とした謝罪文はどう評価されるだろうか（図9.1を参照）。

　わたしたちは謝罪の科学に関するかつての研究で効果があると証明された5つの要素を、順番を変えて提示した。一見すると、順番を少し変えるだけで、安定的に成功をもたらす謝罪のメッセージモデルができるとは思えないだろう。

　だが実際には、これらのアプローチのなかから、すべての質問において、他のアプローチよりも高い評価を得たものが見つかった（わたしたちは、特に怒り心頭な被験者の反応を検証したことを覚えているだろうか）。

　他の条件よりも明らかに安定して好評価を得たのは条件3だった（図9.2を参照）。さらに、体裁の良いことばかり書くべき

案件1	案件2	案件3	案件4	案件5
責任を認める	修理を申し出る	修理を申し出る	おわびの気持ちを伝える	問題を説明する
修理を申し出る	二度と繰り返さないと明言する	責任を認める	二度と繰り返さないと明言する	修理を申し出る
問題を説明する	責任を認める	二度と繰り返さないと明言する	問題を説明する	
おわびの気持ちを伝える	おわびの気持ちを伝える	問題を説明する	責任を認める	
二度と繰り返さないと明言する	問題を説明する	おわびの気持ちを伝える	修理を申し出る	

図9.1 このシミュレーションでは、謝罪に関する5つの要素をさまざまに組み合わせてテストし、コントロールグループには率直に「事実だけ」を伝えた。

143

許しを請うメッセージモデル

図9.2　サービスに支障があったあとでも、「許しを請うメッセージモデル」を使えば、顧客満足度とロイヤルティが改善する。

ではないという意見があるにもかかわらず、淡々と事実だけを語るアプローチは、すべての問いで最低か、それに近い低評価を得た。

安定した評価で圧勝したメッセージモデル

　サービス・リカバリー・パラドックスに結びつく問いを見れば、一番成績が良かったこのアプローチは、サービスに支障があったあとでも、顧客満足度やロイヤルティをある程度改善できることがわかる。被験者には満足度やロイヤルティについて直接的には尋ねず、事後の行動について質問した——今後もこのサプライヤーと取引したいか、または取引を増やしたいかといった質問だ。他にも、知人に勧める、または推薦者として紹介するなどして、そのサプライヤーを積極的に支持する意欲があるかも尋ねた。これらの質問はすべて、被験者がサービスの

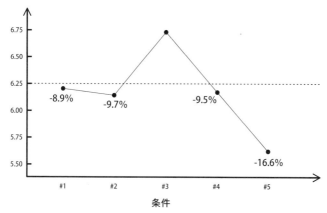

同じサプライヤーから再び購入すると思うか？

図9.3

不具合を「経験」して謝罪文を読んでから行った。

　企業間取引においては、従来からのノウハウに従ってサービスの不具合を報告・謝罪すると思うが、そのやり方と効果的だったこのメッセージモデルを比べてみてほしい。前半と後半が逆になっていないだろうか。ほとんどの人は「何が起きたか、どうやって修理するつもりか、起きたことへの謝罪、二度と繰り返さないと約束して、再発防止策を伝える」といった順序で説明するよう言われる。だが、効果を発揮したメッセージモデルはそれとは似ても似つかないものだった。

　図9.3〜9.6からわかるように、安定したパフォーマンスで圧勝したのは条件3だ。他方で、他のアプローチの評価はきわ

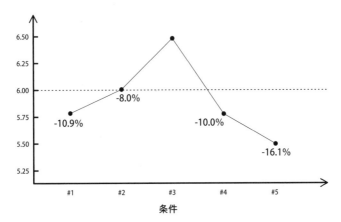

同じサプライヤーからもっと購入すると思うか？

図9.4

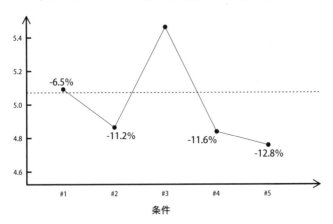

そのサプライヤーを他の人に勧めると思うか？

図9.5

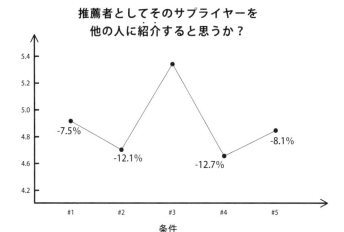

**推薦者としてそのサプライヤーを
他の人に紹介すると思うか？**

図9.6

図9.3〜9.6　再び購入したいか？　もっと購入すると思うか？　推薦者として、他の人にサプライヤーを紹介する、または勧めるか？　といった重要な質問を含めて、幅広く質問したところ、最も支持された謝罪のメッセージモデルは他のアプローチよりも安定して高評価を得た。

めて不安定なため、2位を選ぶのも難しいほどだ。条件1〜4までは、まったく同じ内容を使っていて、ただ順番を変えただけだ。このことからストーリーをどう構成するかが重要であるとわかる。何を言うかだけでなく、どうやって、そしていつ言うかが重要なのだ。

　前述したように、顧客があなたは問題を解決できると思えるか、その問題が二度と起きないと思えるかも、謝罪が成功するか否かを示す主な指標となる。この指標でも、このサプライヤーなら状況を改善するに違いないと被験者を確信させたのは、条

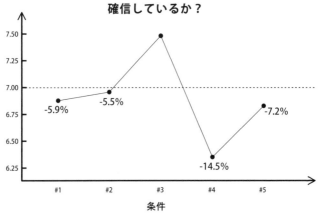

図9.7

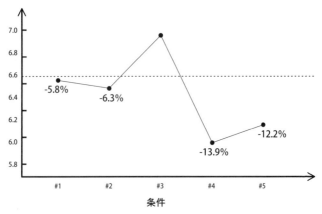

図9.8
図9.7〜9.8　最も効果を発揮した「許しを請うメッセージモデル」を使えば、問題は解決し、二度と起きないだろうと顧客に確信させやすくなる。

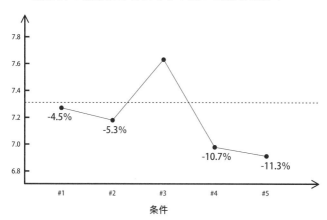

謝罪文の信頼性はどれぐらい高いと感じたか？

-4.5%
-5.3%
-10.7%
-11.3%

条件

図9.9

件3の謝罪文だった（図9.7と図9.8を参照）。

　最後に、謝罪文そのものに対する印象についていくつか質問をして、メッセージの信頼性や全体的な効果について考察してもらった。ここでも条件3が勝った。図9.9〜9.12を見ればわかるが、謝罪文を読んだ印象について尋ねたところ、他のメッセージの評価が安定していないこともあって、圧倒的な勝者は1つだけだった。

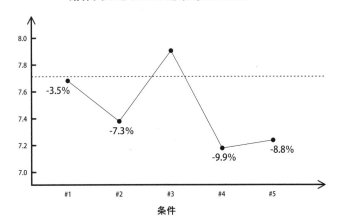

図9.10

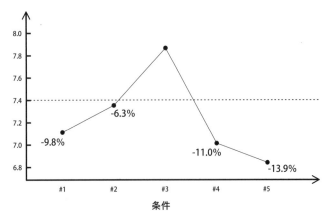

図9.11

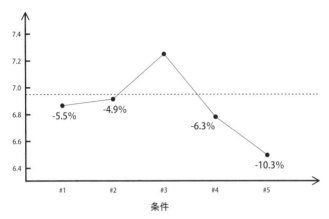

サプライヤーへの印象は改善したか？

図9.12
図9.9 ～ 9.12　最も効果を発揮した謝罪のメッセージモデルを使えば、サプライヤーの信頼性と印象が改善するうえに、適切で効果的な謝罪だったと顧客を満足させられる。

最も支持を集めたメッセージの例

実験で使用した謝罪文のなかで、一番評価が高かった謝罪文を紹介しよう。

1. **対処を申し出る**――「ソフトウェアの利用停止によって、お客さま、部署のみなさま、御社の従業員のみなさまにご迷惑をおかけしましたが、弊社ではできる限りすべての問題を解決したいと考えております。第一に、この福利

制度の申請期間の2倍の長さにあたる1か月分の利用料を
返金します。今回の問題が御社の繁忙期に起きたことを考
慮して、特別措置の賠償としました。さらに、ソフトウェ
アが復旧したあとに申請された項目をすべて手動でチェッ
クして、正確にデータが取り込まれているか確認するよう、
弊社のカスタマー・サービス部門に指示しました。作業が
すべて終了し次第、遅くともいまから一週間以内に結果を
ご報告致します」

2. **責任を認める**――「ソフトウェアが停止したのは、完全
に弊社の責任です。あってはならないことです。御社に
とってこれほど重要な時期ですからなおさらです。弊社が
すべての責任を負い、二度と起きないよう再発防止に努め
ます」

3. **二度と繰り返さないと明言する**――「このような不具合
が起きて大変申し訳なく思っておりますし、二度とこのよ
うなことが起きないよう、必要な変更を行っております。
ソフトウェアは、あらかじめ通知したうえで、計画的なメ
ンテナンス期間にのみ停止するべきなのですが、今回は通
知なく無計画に停止してしまったことをおわび致します」

4. **問題を説明する**――「何が起きたのかと申しますと、弊
社のデータセンターの1つが停電したあと、御社のソフト

ウェアも停止しました。弊社の予備計画と業務委託契約に基づいて、御社で入力された申請内容は別ルートを通って他のデータセンターに送られました。ところが、そのデータが転送された2番目のデータセンターは、予防保守とハードウェアのアップデートのために稼働停止中でした。そのため、御社のシステムはデータの次の送信先を探そうとして、しばらくの間停止したのです。弊社では二度とこのような事態が起きないよう、予備システムをアップデートしました」

5.　おわびの気持ちを伝える──「今回のサービス停止について深くおわび申し上げます。今回の件をお聞きしてすぐに技術部門に連絡し、問題が解決するまで何度もやり取りしました。会社を代表して、お客さまだけでなく、経営陣のみなさまと、ご迷惑をおかけした従業員のみなさま全員におわび申し上げます」

「謝罪」の科学

　では、条件3が勝った理由は何だろうか？　この発見からどんな結論を導き出せるだろうか？　意思決定の科学は実に興味深い理論を提示してくれる。

　1つは「初頭効果／新近効果」と呼ばれる現象だ。リストか一連の情報を与えられたとき、人間の記憶に残りやすいのは、

真ん中の項目よりも、最初の項目（初頭効果）と最後の項目（新近効果）だ。

　顧客の立場で考えれば理解しやすいだろう。顧客はぴりぴりしており、あなたがどうやって状況を改善するかを確認するまでは、あなたが謝罪することになった「不具合の理由」など構っていられない。そんなわけで、あなたも顧客が集中して聞いているときに、不具合について自分勝手な言い訳を延々と語らない方がいい。そんなことをしようものなら、あなたが問題の解決方法を述べる頃には、相手のなかにあるわずかな善意も枯渇しているかもしれない。

　次の状況を思い浮かべてみてほしい。あなたはレストランでとても不愉快な思いをし、店長と話がしたいと要求したとする。店長がお代はいただきませんと言うまで、あなたは相手の言い訳など聞きたくないだろう。実際、店長が説明を始めようものなら（「いつになく忙しかったんです……、給仕が新人でして……、キッチンの人手が足りなくて……」）、あなたの怒りは増すことはあっても、収まることはないだろう。

　感情的な人を前にして理性的に説明して返答すると、裏目に出るかもしれない。まずは熱を冷ます必要がある。それには「対処を申し出る」のがベストだ。

　だが、もし最初に修理を申し出ることが重要だとしたら、なぜ条件2は評価されなかったのか？　条件2と3は「対処を申し出る」ことからスタートしたが、圧勝したのは条件3だった。その理由は「新近効果」にある。調査によると、メッセー

ジのなかでもっとも心に響くのは聞き手が最後に聞く箇所だという。条件3は、最後のメッセージが心からの「おわびの気持ちを伝える」ことだったために、サプライヤーへの好感度が上がったのだろう。

「事実だけを伝える」アプローチがどの項目でも惨敗したのは、感情に訴える要素が欠けていたからのようだ。第1章で紹介したエグゼクティブの感情に関する調査や、「発展を促すメッセージモデル」のリズムを思い出してほしい。相手の注意を引きつける説得力のあるメッセージには、感情という要素がいかに重要かを述べたのを覚えているだろうか。

　ここでの教訓は何か？　謝罪のなかに正直な感情を持ち込みたくないと思うかもしれないが、それが大きな誤りであることを科学が証明した。感情を省けば、謝罪を受け入れてもらうのに非常に重要な要素を犠牲にすることになる。

謝罪次第で、失敗を挽回できる

　ミスは避けられないものだ。だが、ミスしたからといって、即ビジネスを失うわけではない。サービス・リカバリー・パラドックスは、サービスに不具合がない場合よりも、不具合がある方が顧客の満足度とロイヤルティが上がる可能性があると証明している。

　しかし、重要なのはそれを達成するために顧客にどう対応するかだ。本章では、安定して評価の高い謝罪のメッセージモデ

ルを紹介した。これを参考に謝罪のメッセージを作って顧客に伝えれば、あなたのサービスにがっかりして烈火のごとく怒っている顧客にポジティブに働きかけられるだろう。

第 **2** 部

ビジネスの拡大に
効果的な
メッセージの伝え方

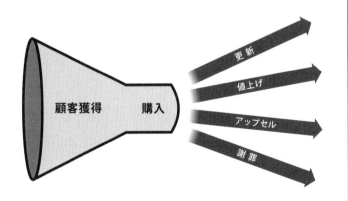

顧客獲得　　　購入

更新

値上げ

アップセル

謝罪

いまのあなたは絶対に成功させなければならない４つの商機で応用できる科学を知っている。「現状維持を促すメッセージモデル」で、顧客にリピート購入してもらう。「値上げを納得させるメッセージモデル」で、快く値上げを受け入れてもらう。「発展を促すメッセージモデル」で、新しくてより良いソリューションにアップグレードしてもらう。そして顧客との関係が最悪なレベルにまで悪化したら、「許しを請うメッセージモデル」で修復をはかる。

　科学的手法はこれで終わりだと思ったかもしれない。だが、マーケッター、営業担当者、カスタマー・サクセスのプロにとっては、これはまだ始まりに過ぎない。ここからはストーリーを伝える必要があるからだ。しかも、記憶に残るような説得力のあるストーリーにするだけでなく、適切なタイミングでどのストーリーを語るべきかも知っておく必要がある――それも正しいチャンネルを使って。

　第２部ではそのことを学ぼう。

第 10 章

適切なタイミングで
適切なメッセージを

状況を読む力を身につける

　本書の共著者の1人はプロのパイロットを目指している。彼が操縦する飛行機に乗ることはまだお勧めできないが、初期の体験で、彼は状況を読む力の重要性と必要性を学んだ。

　飛行機を操縦するときは、状況がすべてだ。パイロットの志願者が最初にマスターしなければならないことの1つは、離陸時と着陸時とでは異なるスキルが必要なことだ。離陸するときは、操縦桿を水平に保ちながら、スムーズにエンジン出力を上げ、適切な速度で飛び立つことに注意を払うだろう。着陸するときは、エンジンの出力を上げたり下げたりして、降下速度を調整して滑走路に沿って着陸する。端的に言うと、離陸は容易ではないものの、一連の操作で望みどおりの結果が得られる。着陸の場合、はるかに多くの操作を管理しなければならない。しかもパイロットはまったく異なる操作を瞬時に判断する必要がある。

　同様に、あなたの会社が売り上げを増加できるかどうかは、

161

あなたのチームがどの瞬間にどのメッセージモデルを使うかにかかっている。すでに説明したように、ビジネスの拡大を勧めるときに誤ったメッセージモデルを使えば、既存顧客とのさらなる取引が難しくなるかもしれない。顧客のその時々の状況を把握して、その瞬間にふさわしいメッセージとスキルを用いることを、わたしたちは「状況を読む力」と呼んでいる。状況を読む力とは、顧客の状況を判断し、明確な商機に適切なメッセージモデルを選び、そのメッセージをそつなく口にする能力だ。

クライアントにこうしたスキルを指導すると、毎回のように「どのスキルもすごく良さそうですが、わたしの顧客にすぐに使うにはどうしたらいいでしょうか？」と訊かれる。

わたしたちはいつも「よくぞ訊いてくれました！」と答える。

クライアントからよく訊かれる質問と、それに対するわたしたちの返答を紹介しよう。

「レギュラー」になったと言えるのはいつか？

状況を読む力を身につけるこつは、顧客が何を決めるタイミングにあるのかを察知して、その瞬間にふさわしい会話をすることだ。顧客ライフサイクルの初め、つまりあなたが新規顧客と接触したばかりの頃を例に取ろう。その顧客をアクミ・コーポレーションと呼ぶことにする。かつて、その会社はターゲット顧客だった。だが、幸運にもあなたの会社のマーケティング

部門と営業部門の人たちが努力した甲斐あって、いまやアクミは顧客となっている。おめでとう！ これであなたは「レギュラー」だ。

待てよ、本当にそうだろうか？

実際には、その関係はとても不安定な状態にある。顧客は他社からあなたに乗り換えたばかり。組織のなかに懐疑的な人がいる可能性が高く、あなたのソリューションを選んだメンバーのなかにもいるかもしれない。彼らはあなたがつまずくのを待っていて、最初のつまずきを理由に前のサプライヤーに戻そうと主張するかもしれない。

たとえ万事がスムーズに進んでも、実行に移すまでには時間がかかるだろう。つまりアクミにしてみれば、コストは前金で生じるのに、価値はまだ生まれていないということだ。当面の間、そのソリューションを前のソリューションと併用しなければならないとしたら、あなたのリスクはさらに高くなる。

それだけでない。アクミに更新を勧めるのは、2、3年あとの話だ。アクミはあなたの最新のソリューションを使い始めたばかりなので、まだ発展を促す必要はない。全社的なソリューションの値上げは1年先のことだし、実施もうまくいっているので謝罪する必要もない。

こうした状況から、絶対に落とせない4つの商機は1つも該当しないとの結論を出したとしよう。すると、これで安心だと深呼吸し、大型の案件を勝ち取ったと祝い、次の見込み顧客に

163

アプローチしたくなるだろう。だが実際は、いまこそあなたの「現職の強み」を確立して、ソリューションをアクミの「レギュラー」として定着させるときだ。

そのためには、「現状維持を促すメッセージモデル」の要素をいくつか応用できる。

- **実績を報告する**——早い段階から、頻繁に、成果を報告しよう。当たり前じゃないかと思うかもしれないが、その根拠となる心理学を思い出そう。アクミはあなたのソリューションに変えたばかりだ。最初のうちは、その決定に関わったエグゼクティブの心は、判断が間違っていたのではないかという心配（後悔や非難への恐れ）と、正しい判断だったと信じたい気持ち（安定を優先する傾向）との間で揺れ動く。早い段階で成果を伝えて、正しい選択をしたと示せば、相手の不安を払拭できる。あなたのソリューションが複雑で、戦略的な結果が出るまでに時間がかかる場合は、手元の情報で対処しよう。スタートしたばかりの頃でも当面の成果を説明すれば、このまま順調にいけば大きな長期目標を達成できると示せるだろう。

- **前回の意思決定プロセスを振り返る**——契約間もないこともあって、アクミのエグゼクティブは意思決定プロセスを鮮明に覚えているため、あれこれ思い出してもらう必要はない。だが、戦略的な成果を示すにはまだ早すぎるときこ

そ、相手の決断の正しさを強調するといいだろう。あなたの実施計画が、アクミが掲げる大きな目標とどう関連しているかを思い出してもらおう。たとえば「このシステムを統合するのは少々手間がかかりますが、手動のプロセスを省略できますし、不具合を招く恐れがある箇所を除去できます。この点こそが、弊社のソリューションを評価していただいた重要な点でしたね」などと伝えよう。

「変化にはリスクが伴うと注意する」ステップ、「変化はコストがかかると強調する」ステップ、「他社にひけをとらない進化について詳しく説明する」ステップは、最初はあまり関係ないが、のちに重要になるだろう。当面は、その会社にあなたのソリューションに完全に乗り換えてもらえるよう、働きかけよう。

　取引が始まったばかりの頃は、カスタマー・サクセスチームが「レギュラー」としての地位を固める役割を担うが、マーケティングや営業の担当者にも協力できることはたくさんある。驚くほど多くの企業が、顧客に売り込む体制と売ったあとにフォローする体制との連携がずさんだと認めている。契約を勝ち取る際に営業担当者は「変化を促すメッセージ」をアピールしたと思うが、カスタマー・サクセスチームと顧客とがやり取りする初期段階に、営業担当者が加われば、その真意を顧客に理解してもらいやすくなるだろう。アクミの社内には、ソリューションの導入や採用に直接関わりはなくても、幅広い社員の意

見や支持の獲得に働きかけられる人々がいる。マーケティングの担当者は、こうした2番手や3番手のコネと接触しながら、変化を促すメッセージモデルから現状維持型のメッセージモデルに切り替えることができる。各部門が団結して顧客に働きかければ、あなたのソリューションが新しい「レギュラー」になる日が早まるかもしれない。つまり、あなたの前に顧客と取引していた他社が食い下がろうとするよりも早く、現状維持バイアスをあなたの味方につけられるかもしれない。

発展を促す会話はいつ始めればいいか？

　多くの営業担当者は、ビジネスを拡大してノルマを達成しようと、発展を促す会話を始めたくてうずうずしているものだ。とはいえ、発展を促すのに適切なタイミングはいつだろうか？

　できるだけ早く、が通常の答えだ。わたしたちも、理論上は同意する。あなたの次なる大きなターゲットを前に、早期のチャンスをみすみす逃す手はないだろう。

　発展を促す会話で成功を収めるメッセージモデルを特定するために、さまざまなメッセージを試した実験を思い出してほしい。ビジネスの拡大を促すのにあなたがよく用いる最初の話題と、先に紹介した最も効果のあったメッセージを比べてみてほしい。発売されたばかりの輝かしい新商品は、しばしばビジネスの拡大を促す会話に弾みをつける。顧客が飛びつきそうな、最新のアップグレード版か最新のバンドルソフトウェアが発売

されたときとか。あるいは、顧客が時代遅れで、時流に追いつくために新製品が必要なときもあるだろう。

　そのときに、あなたが最初に思いつくことは何だろうか？——商品に頼ることだ。ピカピカの新商品で顧客を引き寄せようとする。マーケティングの資料はクオリティが高いし、営業担当者は年に一度のキックオフ・ミーティングで製品のトレーニングを受けているし、カスタマー・サクセスのメンバーは顧客のエコシステムのどこにその製品をあてはめればうまくいくかを知っている。だが、このアプローチは失敗する——しかも惨敗だ。話題の中心があなたとあなたの会社とあなたの製品だからだ。このアプローチには顧客のストーリーがない。顧客との安定した関係にも触れていない。「商品が主役」か「社会的影響」を柱とするアプローチなのだ。新しいことに夢中になると、商業的な成果を忘れがちだ。そうならないよう気をつけよう。

　そんなわけで、状況を読むことを心がけながら、商売の成功を勝ち取る可能性を高めるためにも、顧客との会話を始める前に次の2つの問いについて考えてほしい。

1.　あなたのソリューションはもう価値を生み出したか？

　——何らかの成果を生み出していない限り、あなたにはまだ次の何かを売り込む権利はない。あなたも「御社の成功よりも、もっとお金を払ってもらうことの方が大事です」というメッセージを顧客に送りたくはないだろう。契約を

勝ち取るために最初にわざと制限のあるソリューションを売りつけたとも思われたくはないだろう。次の会話を始める前に目標をすべて達成する必要はないが、いくらかの実績を積む必要がある。

2. 顧客との関係は安定しているか？ —— 修正が必要なサービスの不具合はないか？　もしあれば、「許しを請うメッセージモデル」を実践して盤石な関係を築き、それからもっと大きな取引を持ちかけよう。といっても、概して、関係が安定しているかどうかを見極めるのは難しい。特に顧客があなたのソリューションを毎日、しかも1日に何度も使っている場合、たとえ一番良いソリューションでも、毎日使っていれば、満足のいく体験ばかりというわけにはいかないだろう。欠点や不満があるはずだ。だとしたら、状況を見ながら関係の安定性を確保するための基盤を築く必要がある。更新、値上げ、アップセルを提案しても、一笑に付されて終わってしまっては意味がない。いつになればこうした収益を生み出す会話を言い出せるほど盤石な関係を築いたと言えるのだろう？

2つの問いのうちで1つでも答えが「ノー」なら、いったん立ち止まろう。「顧客のストーリーと安定した関係」を築くまで、その関係はまだビジネスの拡大を提案できる段階にはないということだ。

そうは言っても、あなたもずっと待ち続けたくはないだろう。万事が整うまで待っていては、ビジネス拡大を促す会話など実現しないかもしれない。前述したように、新しい機能を紹介するのをためらっていては——つまり契約期限ぎりぎりに持ち出していては——悪いタイミングで顧客を混乱させることになる。大ざっぱな指針としては、顧客に提示できるような実績があって関係性が安定していたら、発展を促す会話を始めても問題はないだろう。

ソリューションをいくらか改善したが、現状維持を促す方法と発展を促す方法、どちらでアプローチすればいいか？

よくある質問だ。「現状維持を促すメッセージモデル」は、ソリューションに何の変更も加えないということではない。「他社にひけをとらない進化について詳しく説明する」ステップでは、相手を動揺させないやり方で、新しい機能やサービスを説明する。とすれば、ソリューションの機能の変化がどこまでなら現状維持を促す領域で、どこから発展を促す領域へ踏み込むことになるのか？

本書ではさまざまな科学を紹介したが、この微妙な違いを判断するには少しばかりの芸術的な素養が必要だ。新機能を加えるあらゆるパターンを、すべてのフレームワークに照らし合わせて検討するわけにはいかないからだ。そのため、これまでに

学んだ意思決定の科学の知識を使って考えよう。重要なのは、あなたが顧客にどれほど売り込みたいかではない。あなたが顧客に何をしてほしいと頼んでいるか、だ。あなたの新機能を導入すれば、顧客にできることはあまり変わらないものの、処理速度やクオリティが上がる場合は、現状維持を促すのが正しい選択だろう（たとえば標準的なレポートのリストを拡張するか、ダッシュボードを導入するなど）。顧客のやり方が変わる場合は、発展を促す領域に足を踏み入れている。

ソリューションに大きな変更があった場合は、発展を促す方法か変化を促す方法、どちらでアプローチすべきか？

　画期的な技術革新が起きることがある。あなたにとっても顧客にとっても状況が一変しそうな技術で、顧客に求めるのは「発展」というよりも、もっと大きな変革のように思える場合だ。「変化を促すメッセージモデル」を使って顧客に大改革を迫らなければならない状況はよくあるだろうか？　「現状維持を促すメッセージモデル」を使った実験を思い出してほしい。実験の結果、「変化を促すメッセージモデル」で顧客を動揺させると、あなたの「現職の強み」がなくなり、顧客は他社に切り替えやすくなることがわかった。「発展を促すメッセージモデル」を使うのは、心理学的にこの方法ならあなたの「現職の強み」を失うことなく、顧客に変化を提案できるからだ。ほとんどの場

合、ソリューションに大きな変化があっても、「発展を促すメッセージモデル」を使って顧客に提案できるだろう。なぜなら、大きな変化も含めて、ほとんどの変化は顧客が目標をどう達成するかに影響するものの、顧客の目標自体は変わらないからだ。そしてそれが「発展を促すメッセージモデル」を使うか否かの判断基準となる。あなたの新機能が顧客の目標と結びついている限り、「発展を促すメッセージモデル」が妥当だ。

　革命的な技術の典型例であるiPhoneについて考えてみよう。当時あなたがテレコミュニケーションを売り込んでいたとして、iPhoneが発売されたからといって、顧客のビジネスモデルは変わっただろうか？　大きくは変わらなかっただろう。iPhoneが発売される前、コーポレートIT部門は、移動の多い作業員の生産性を高めるために携帯電話を持たせた。移動の多い作業員の生産性を高めるという目標は変わらなかったが、「生産性」の定義は変わった。進化したのだ。いまや彼らは、出先から電話をかけたり、ボイスメールを残したりするだけではない。電子メールを送ることもできるし、顧客に折り返し電話をかける前に顧客情報管理（CRM）システムにアクセスして、準備を整えることもできる。

　既存の関係と「現職の強み」がある限り、「発展を促すメッセージモデル」を選択する方が良いだろう。

既存顧客の別の部署に売り込みたい場合は、発展を促す方法か、変化を促す方法か？

　営業担当者やマーケッターはアップセルとクロスセルを同じように話すが、「レギュラー」というレンズを通して見ると、この2つは違う。アップセルとは、顧客の会社のいつもの取引部署やその関連部署に、より高額なものを売ることだ。相手にとってあなたは「レギュラー」の一部であり、「現職の強み」がある。クロスセルとは、あなたのソリューションを取引のない事業部に売り込むことだ。あなたはその会社とは取引関係にあるが、その部署に対しての「現職の強み」はない。ターゲット顧客である集団が、あなたと取引していないか、あなたのソリューションを使っていないか、直接的にソリューションの恩恵を受けていないなら、あなたはその集団の「レギュラー」ではない。その場合、その集団があなたと取引することは変化にあたるため、あなたは変化を促すメッセージモデルを使う必要がある。あなたの既存の関係も役に立つだろう。取引先からあたたかく紹介または推薦してもらえるとしても、その部署の「レギュラー」を崩す必要がある。最後の2つの質問を組み合わせて大まかな目安を作ったので、参考にしてほしい。

● 同じ人たちに同じものを売り込む＝現状維持を促すメッセージモデル

- 同じ人たちに新しいものを売り込む＝発展を促すメッセージモデル
- 新規の人たちに新しいものを売り込む＝変化を促すメッセージモデル

発展を促すアップセルの会話が
うまくいかない。どうしたらいいか？

　顧客との関係は安定している？　イエス。実績をまとめたうえに、ストーリーもある？　イエス。それならすぐに発展を促す会話を始めよう。だが、その会話が思うように進まないときがある——多くは、顧客の売り上げが前年から減少したとか、新しいリーダーが来て予算が削られたというような、あなたにはコントロールできない何かが原因だ。あなたは小さな取引を守れるか、取引をすべて失うかの瀬戸際にある。そこで「発展を促すメッセージ」を伝えるものの、うまく説得できない。

　そのような状況に直面したときに組織がやりがちな基本的な誤りで、わたしたちがよく目にするものを紹介しよう。アップセルをねらい続けるうちに、更新へと切り替えるタイミングを逃すケースだ。顧客がAを求めているのに、あなたがA＋Bしか勧めなければ、顧客はC——あなたとの取引自体をやめる——を選ぶ可能性が高くなる。もっとも重要な、状況を読む力を駆使しないと、あなたが一生懸命獲得した「現職の強み」を知らず知らずのうちに失いかねない。

現状維持を促す会話をどうするかをクライアントと話し合う際、わたしたちは大ざっぱな基準を使う。75%を目安にするのだ。顧客が最初の契約期間の75%を過ぎるまでにビジネスを拡大させる決断をしない場合、企業は、「現状維持を促すメッセージモデル」を使ってその顧客を維持することに全力を注ぐのだ。その時点で顧客が再度買ってくれれば勝利だ。

　確かに、後退したように感じるときもあるだろう。会社の成長がアップセルにかかっている場合は、現状維持を全面的に後押しする気になれないかもしれない。だが、目前だったビジネスの拡大に失敗したと考えるのではなく、利益を上げる時期が遅くなっただけだと考えよう。顧客を維持できたおかげで、アップセルを持ちかける時間的余裕や機会が増えたという話はよく聞く。関係が安定したら追加購入だって勧められる。望むタイミングではないかもしれないが、ライバル企業を排除できるし、現職として余裕を持って顧客に接することができる。

　確認しておくと、現状維持を促すために相手の現状維持バイアスを強化する会話は、契約の切れる直前や、ビジネス救済のためだけにするものではない。現状維持を後押しする充実した会話を積み重ねることは、既存顧客との関係が続く限り、助けになるものだ。どんなビジネスも永遠にあなたがひとり占めできるわけではないし、競合他社もいつまでもおとなしく待っていないだろう。あなたは変化を促すためにすばらしいメッセージを使ってその契約を勝ち取ったかもしれないが、競合他社があなたに取って代わろうと、新しいメッセージを練っているか

もしれない。これまであなたと顧客が成し遂げたすばらしい実績を列挙するのを、更新日が来るまで待っていたのでは遅すぎる。

サービスの不具合がどのレベルに達したら、許しを請う会話（謝罪）が必要になるか？

職場で「ごめんなさい」と謝ってばかりいると、謝罪の効果が失われるのではないかと問いかける解説記事は世の中にあふれている。「顧客へのおわびの手紙」をインターネットで検索すると、不満のある顧客よりも、詫び状のテンプレートの方が多く見つかるだろう。あなたがやるべきことは、顧客との全体的な関係には影響しないようなサービスの小さな障害と、許しを請わなければならないような深刻な不具合を見分けることだ。顧客の維持やビジネスの拡大を持ちかける商機には安定した関係が必要だが、深刻な不具合があるとそのような関係は不可能になる。

「許しを請うメッセージモデル」のセクションを読んだとき、「無関心圏」という概念に気づいたのではないだろうか。この概念は、関係の安定性を見抜くのに非常に役立つ。無関心圏に収まるのは、とっさの「ごめんなさい」で解決するような種類の失敗だ——顧客のなかでも1人の利害関係者しか影響を受けないようなささいな問題で、わずかなフォローアップですぐに解決できるだろう。大抵の場合、顧客は肩をすくめて次の関心

ごとに目を向ける。

　だが、もし顧客の無関心圏を超えてしまったら、注意すると共に必勝の謝罪プロセスを準備しよう。無関心圏を超えると、安定性はまぼろしになる。深刻なサービスの不具合となれば、その問題は危機を招く。影響を受ける人は1人では済まない。チーム全体だ。顧客のビジネスに広く影響し、望ましくない注目を一斉に浴びることになるだろう。さあ許しを請う瞬間が来た——あなたも関係を安定させて修復することが第一目標だと認識している。通常、そのような状況は簡単に気づくものだが——怒った顧客に気づかない人はいない——必勝の方程式を実行することがきわめて重要になる。

その瞬間に適したメッセージを

　本章を読み進めるうちに、顧客との他のシナリオが思い浮かんで「こんな場合はどのメッセージモデルを使えばいいのか？」と疑問に思ったかもしれない。本章でどれだけたくさんのシナリオを想定しても、それ以外の例は出てくるものだ。それに、どの顧客にも、どの状況にも、いくらかの違いはある。すぐれた営業とマーケティングには常に、すぐれた判断力と状況を読む力が必要だが、さらにいくつかのシンプルな原則があれば、考えを明確にしやすくなるだろう。

　本書で取り上げたテーマのうちの2つは、事象に対応するもののため、簡単でわかりやすい。サービスに不具合があれば、「許

しを請うメッセージモデル」を使い、既存のソリューションの値上げが不可欠な場合は、「値上げを納得させるメッセージモデル」を使おう。

それ以外のテーマ——現状維持を促す場合、発展を促す場合、変化を促す場合——には、顧客に関するいくつかのシンプルな問いに答えてから行動しよう。あなたのソリューションは彼らの「レギュラー」の一部か？　答えがイエスなら、「変化を促すメッセージモデル」を除外できる。もしあなたが取引を維持したいだけで、相手のやり方を変えたいわけではないのなら、「現状維持を促すメッセージモデル」が正しい選択肢だろう。顧客にもっと買ってほしい場合で、「既存の関係の範囲内でやり方を変えてもらう」ことが重要なときは、「発展を促すメッセージモデル」を選択しよう。

幸いにも、本書で紹介したメッセージモデルはどれも繰り返し使える。顧客との特定の会話でどのメッセージモデルがふさわしいかがわかれば、同じような状況にある他の顧客にも、同じメッセージモデルに若干の調整を加えるだけで済むだろう。やってみる価値はある。そのことは科学的にも、わたしたちの独自の調査でも証明されているし、これらのメッセージモデルを実践して成果を出した何千人にもおよぶマーケッターや営業担当者も賛成するだろう。

第 11 章

メッセージの伝え方

営業担当者に欠かせないスキル

　オンライン注文で家に届いた箱が潰れていた経験はないだろうか。どうか商品が壊れていませんようにと祈りながら、恐る恐るテープをはがして覗き込む。壊れていたら、たとえメーカーが代替品を送ってきても、最初に購入したときのワクワク感や興奮は台無しだ。購入体験そのものが失敗に終わってしまう。

　顧客との会話も同じだ。科学的根拠に基づいた、自画自賛に値する説得力あふれるメッセージを作ったとしても、それを正しく伝えなければ、効果は激減してしまう。商機によって顧客へのメッセージを変えるように、メッセージの伝え方も変えなければならない。

　大切なのは、それぞれのメッセージに合った伝え方をすることだ。正しい商機に正しいメッセージを伝えなければならないように、メッセージ特有の内容をもっとも効果的に伝える必要がある。

実績を報告する

　現状維持を促す会話でも、値上げを納得させる会話でも、発展を促す会話でも、最初のステップは同じだ。あなたとの協業によって顧客が達成できた成果や実績を報告する。そのためにはまず、顧客の目標を知ることだ。さらには、その達成度を顧客がどう評価するかも知る必要がある。最終的には、目標までの達成度を測定して、あなたのソリューションがあったからこそ、ここまで目標に近づけた（あるいは達成した）と、その貢献度を示す必要がある。

　先にも述べたように、これらの情報を顧客から得るのは難しいかもしれない。データを保管していないケースもあれば、情報を共有したがらないケースもあるだろう。だが実際は、何を指標にすればいいかわからないとか、社内のどこに指標があるのかわからないといったケースが多い。

　ここはあなたが「現職の強み」を確立する最初のチャンスとも言える。顧客が何を指標にし、そしてどうやってそれをモニタリングすればいいのかわからないなら、あなたが教えよう。顧客と膝を突き合わせ、顧客にとっての成功は何かを明確にし、それをモニタリングするシステムの構築を支援しよう。結局のところ、あなたがソリューションを売った回数は、顧客がそれを購入した回数よりもはるかに多い。ソリューションにできることをアドバイスするのに、あなたよりふさわしい人物がいるだろうか？

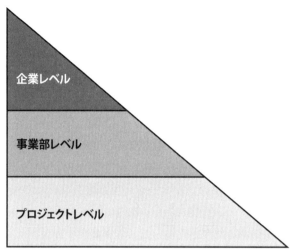

図11.1 担当者だけでなく、企業全体にとって有意義な実績をモニタリングするために、「3つの指標」を定めよう。

実績の報告に役立つのが、わたしたちが「3つの指標」と呼ぶフレームワークだ（図11.1）。これを利用することで、顧客側の担当者にとって有意義な成果をモニタリングできるだけでなく、上層部のステークホルダーが気にかける実績を含めて、3つのレベルの実績に結びつけることができる。

- **企業レベル**──あなたのソリューションは、経営陣へのプレゼンや株主向けのレターなど、最上位の業績評価にどう貢献できるか。増益やキャッシュフローの改善といった指標がこれにあたる。

●**事業部レベル**――あなたのソリューションは、事業の創出や事業部全体の業務変革にどう貢献できるか。また、これらの変革をどうすれば「企業」レベルの指標に結びつけられるか。このレベルでは、生産性、従業員エンゲージメント、入札勝率といった指標が重要になる。

●**プロジェクトレベル**――あなたのクライアントが、戦術的な変更を行って、部署の全体的な目標を達成しようとするなかで、あなたのソリューションはどう貢献できるか？プロジェクトを期限内かつ予算内に終わらせる、サービス品質保証を遂行するといった、営業部門やカスタマー・サクセス部門が得意分野とする指標を使う。

ここで大切なのは、売り込み段階から見込み顧客と連携を取り、成果目標の明確化や、有意義かつ達成可能な評価指標の策定を一緒に行うことだ。売り込んだのがあなたではない場合や、顧客があなたのソリューションが企業目標に及ぼす影響を測る指標を知らずに契約した場合もあるかもしれない。であれば、いまからでもいいので顧客と連携して、これら３つのレベルでの重要な成果は何かを確認しよう。

ビジネスの拡大を持ちかけるために、実績の報告から話を始めるときは、顧客が初対面のときに解決したがっていた問題を最初に話すといいだろう。どのような目標を掲げていたか？このステップでは、必ず次の３つのポイントに言及すること。

● 顧客のそれまでの状況は？　あなたのソリューションを導入する前のオペレーションは？

● あなたのソリューションのおかげで、顧客がそれまでとは違うやり方で「実行」できるようになったことは何か？　特定の工程の変化といった、実現できた具体的な行動を報告する。

● 財務的、事業的インパクトという観点であなたのソリューションはどんなインパクトを与えられたか？　言い換えると、彼らはどんな価値を手に入れたか？　その価値が顧客の上層部が重視する価値に近いほど良い。

　往々にして、ビジネスの拡大をねらう営業担当者やカスタマー・サクセス部門にとってきわめて高いハードルは、最初の購入契約にサインしたもっとも上層の責任者に、価値を高めたと認めてもらうことだ。日々測定できる指標を使って「3つの指標」のうちのプロジェクトレベルで報告するのはお手の物だろう。あなたはおそらく顧客のスコアカードやダッシュボードに関与し、月例報告会議やプロジェクトの進捗ミーティングに参加していることと思う。これらの会議に持参する資料に書かれた評価指標をじっくり見てほしい。あなたの会社の仕事ぶりや業績について書かれたものはどれぐらいあるだろう？　あな

たのサービス品質保証（SLA）の稼働率が99.8％を達成したとか、あなたの電車が時刻どおりに運行しているなど（もう少しましな例があるといいのだが）と書いてあるかもしれないが、それではあなたのソリューションが顧客に変化をもたらしている証拠にはならない。

　だが、「3つの指標」を使えば、あなたの会社の成果と顧客の変化を結びつけることができる。誤解しないでほしいが、プロジェクトレベルでの評価報告が必要な場面は幾度となくある。おそらく契約書にもそう謳われているだろう。しかし、実績を報告するにあたってのあなたの役割は、プロジェクトの評価を事業部の実績に結びつけ、ひいては企業目標へと関連づけることだ。このような関連性が欠落するか、顧客にとって不透明だと、あなたの成果は説得力がなくなる。しっかりと相手の企業目標に根差した発言をし、その目標に対する達成度を証明できる実績を出せば、メッセージの効果がアップするだけではない。あなたが契約更新、値上げ、ビジネスの拡大を持ちかけるときに、購入を判断する上層部から注目されるようになるだろう。

　必要な情報を収集し、関連づけるポイントを見極めたら、今度はそれをあなたの会話に取り入れることだ。つまり、顧客の注目をとらえて離さない表現方法で成果を報告しよう。いくつかの方法があるが、お勧めは、「ナンバープレイ」と「対比を用いたカスタマーストーリー」と呼ばれる2つのテクニックだ。

1. **ナンバープレイ**——このテクニックでは、1つのストーリーに複数（通常は3つ）の数字を盛り込む。もっとも効果的な方法は、顧客が知らなかった情報を共有することだ。あるいは、彼らが考えたこともないような新しい見通しを示してもいいだろう。

 まず、あなたが主張したいポイントを決める。たとえば、経時的なコスト削減に着目させたいときは、顧客があなたと協業した時間数、その期間におけるコスト減少率、節約できた具体的な金額といった数字を示すといいだろう。

 ナンバープレイは、フリップチャートやホワイトボードなどに手書きするのがベストだ。顧客と電話やウェブで会議する場合は、あなたが口述する数字を書き取ってもらおう。いずれにせよ、まずは数字を示す——数字だけを示し、それが何を表すのかは説明しない。それからあなたがストーリーを展開するなかで、それぞれの数字の単位を書いていく。

 「22と12と4（数字を書く）。これらの数字は、ある事実を教えてくれます。コスト削減は往々にして痛みを伴いますが、このケースは違います。わたしたちが一緒に仕事をした22か月で（「か月」を書く）、電力使用量を12％（「％」を書く）削減できました。直接的な経費削減に換算すると、400万（「00万」とその国の通貨記号を書く）以上になります。

 全社員にコスト削減を指示し、なおかつ次の四半期の収

益アップといったものよりも大きい目標を掲げると、コスト削減は成功しやすくなります。すべてのステークホルダー——国内、国外はもとより、労働組合員も含めて——に強く働きかけるには、緊急性や重要性を訴えることが大切です。

　このような初期成果が出たのですから、より高いレベルを目指しましょう。今日はこの点についてお話ししたいと思います。御社の3番目に高いコストである電力使用量を、すべての関係者にさらに削減してもらうための方法です」

　注意事項：数字を書いたあと、その数字の意味がわかるかと顧客に尋ねないこと。顧客は知る由もなく、尋ねられても嫌な気分になるだけだ。しかも、もし正解を当てられたら、興味をそそるナンバープレイが提示できていないということになる。

2.　対比を用いたカスタマーストーリー——あなたの実績に命を吹き込むもう1つの方法は、あなたのソリューションが顧客のビジネスにどれだけ影響を与えたかを、「ビフォーアフター」のストーリーで示し、顧客の意識のなかに対比を生み出すことだ。ソリューションの導入前と導入後の状況を比較して、価値をイメージしやすくしよう。実績が具体化されて、理解しやすくなるだろう。

①まず、企業レベルもしくは事業部レベルの「3つの指標」
のなかから、あなたとの協業によって顧客が最大の恩恵を
受けた3つの項目を選び出す（効率アップ、コスト削減、精度
向上、手動介入の減少、スループット向上といった指標）。

②次に、これらの指標を、あなたとの協業前の数値と比較す
る。この情報を持ち合わせていない企業は多い。あなたの
ケースも同じなら、今後新たな顧客に対しては、手順変更
を検討してこれらの重要データを集められるようにしよ
う。対比を用いて語るには、顧客がかつて置かれていた状
況と現在の状況との比較を示す必要がある。大切なのは、
顧客がたどってきた道のりと、その途中で蓄積されてきた
ポジティブなモメンタムを明らかにすることだ。

③最後に、顧客のどのような環境変化がこれらの実績につな
がったのかを特定する。

最終的に、あなたのストーリーは次のようになるだろう。

「2年前に御社と初めて提携したとき、御社の懸念材料は
高騰するコストと品質の低下でした。当時は次のような状
態でした。

- 四半期あたり200時間の想定外の不稼働時間
- 年間150万ドルにおよぶ計画外の残業手当

- 11.2%の欠陥率

　あの苦しい状況を覚えていらっしゃるでしょう。そしてそのせいで、主要な競合企業が四半期ごとに新製品を打ち出すなか、研究開発費の削減を余儀なくされたことも。そもそも、御社がわたしたちに相談された理由はここにあるのですから。競争力の維持には改革が必要だと認識していらっしゃったからに他なりません。

　幸いなことに、改革は実を結びました。弊社のソリューションを導入したことで、先ほどの数字を次のように減らすことができたのです。

- 四半期あたり10時間の想定外の不稼働時間
- 年間1万2000ドルの計画外の残業手当
- 2.1%の欠陥率

　これらの改善は、最終的な収支にも表れています。250万ドル以上も節約できたおかげで、今春販売開始予定の新しい商品品目の投資に回すことができました」

　この例が非常に具体的であることにお気づきだろうか。「ビフォー」で示されたそれぞれの項目が、「アフター」のそれぞれの項目に対応している点も重要だ。「アフター」だけを取り上げると、ストーリーの半分しか語らないことになり、顧客が

手に入れた価値を強調するチャンスを逃す。

「実績」は必ずしも「数値」である必要はない。実績を報告するときは、定量的指標と定性的指標の両方を用いても構わない。共有できる具体的な数字がなければ、顧客のオペレーションがどう変わったかを描写しよう。あなたのソリューションが顧客の工程をどう変化させたかを詳述するのだ。出来事やエピソードを用いて顧客の進化を説明しよう（「先日お話しした際、協業を始めた頃よりも従業員エンゲージメントが向上したとおっしゃっていましたが……」など）。そのためには顧客の組織を深く理解し、会話や意思疎通を継続的に行って、個々の成功事例や幅広い社員たちのあなたのソリューションに対する感情をちゃんと察知できるようにしよう。

　あなたの事例が具体的であるほど、顧客は感情移入しやすくなる。

イラストを使った説明で、ビジネスの拡大を持ちかける

「ナンバープレイ」と「対比を用いたカスタマーストーリー」を活用して、重要な情報を印象的に顧客に伝える方法を説明した。だが、これらのテクニックをもってしても、あなたのメッセージを長く記憶に留めてもらうには不十分だ。事実、ある研究によると、顧客にメッセージを伝えてわずか1時間後には、顧客はあなたが話した内容の50％しか覚えていない。さらに

がっかりすることに、8時間後には25％に、24時間後には10％にまで落ちる。言い換えれば、誰かと話した1日後には、その人はあなたの話の90％を忘れているのだ。顧客はあんなに楽しそうに話していたのに！

　既存顧客にこのような問題があるか確かめるには、フォローアップの電話やミーティングの際に、彼らがどんな質問してくるかを意識して聴こう。会話のなかで、「前回はどこまでやりましたっけ？　この会議の目的をもう一度教えてくれませんか？　どんな話をしましたっけ？」といった質問が出てくるだろうか。

　カスタマー・サクセス部門の人は、今頃激しく頷いているかもしれない。月に一度状況を確認するために電話をかけると、大抵こんな感じで会話が始まるのではないだろうか。ソリューションがもたらした最新の数値を伝えたいのに、顧客は前回の電話であなたが何を喋ったかを尋ねてくる。こうしてまた、あなたのメッセージと顧客の脳との終わりなき戦いが繰り広げられる。

　伝えては忘れられ、また伝える——この忘却のサイクルを打ち破るにはどうすればいいか。メッセージの覚えやすさを6倍アップさせる科学的な原理がある。同じ原理によって、メッセージを記憶する時間の長さも6倍にできる。その原理とは、「画像優位性効果」だ。言葉を画像と結びつけると、ストーリーが覚えやすくなるのだ。

　幸運にも、この概念の歴史は古い。人間は話し言葉を使い始

めるずっと前から、絵を用いてコミュニケーションを取ってきた。にもかかわらず、ビジネス上の重要なポイントを伝える顧客とのやり取りの多くが、話し言葉だけに依存している。正しい商機に正しいメッセージを伝えても、補完する視覚情報がなければ、マーケティング、営業、カスタマー・サクセスの各部門は自らの力を最大限に発揮できない。

　見込み顧客との面会にこぎつけるまでにこなす仕事の数々、すなわち幾度もの飛び込み営業や売り込み電話やメールはすべて、説得力のあるメッセージを伝えるチャンスを獲得するためのものだ。

　ビジネスを拡大するための話し合いとなると、これとはまったく違ってくる。主担当者とは定期的にアポが入っているだろう。四半期ごとに大口顧客の上層部との会議も予定されている。「レギュラー」の地位を強化するために、いつも現状維持を促す会話をしているようなものだ。換言すると、「画像優位性効果」を活用してあなたの「現職の強み」を固めるのに、理想的な状況と言える。

　あなたから顧客を奪おうと躍起になっている競合他社はどうだろう。競合他社の人々はこの本を読んでおらず、営業トークで視覚情報を活用していないとする。あなたの顧客は競合他社のプレゼンをほとんど覚えていないだろう。一方あなたは、定例会議をきちんと開催するよう万全を期す。シンプルで視覚に訴える資料を会議のたびに用意し、時には顧客と話し合いながら一緒に完成させることもある。その資料だけで、圧倒的な

防御力という強みを持つあなたが、顧客の心に刻み付けられる。顧客は、あなたとの会議のことを記憶するようになり、あなたとの会議により多くの価値を見出し、より多くの会議を設定して参加するようになる。そのたびにあなたの「レギュラー」としての地位は盤石になってゆくのだ。

　ビジネス拡大のための視覚に訴える資料を作るときは、以下の原則を心に留めておこう（さらなるインスピレーションをお求めなら、補足資料に掲載した例を参照してほしい）。

1.　**顧客が自分を投影できる世界を描く。**顧客の共感を得られなければ、あなたの視覚的資料は不十分なインパクトしか与えられない。顧客の世界を完璧に視覚化する必要はないが、顧客が自分のことだと思えるような親しみやすさは必要だ。ここでのあなたへの期待値は高い。顧客は、現行のパートナーに自分たちの世界を理解していてほしいと思っている。彼らの状況を顧客自身にわかるように視覚化することは、あなたがちゃんと「理解している」ことを伝える暗黙のサインになる。

　　描くのは「あなたの世界」ではない。あなたのソリューションを描きたくなる誘惑に負けないこと。あなたのソリューションの仕組みを教えるためのプレゼン資料ではないからだ。あなたの商品やサービスがどんなにすばらしくても、主役は顧客だ。

2.　**顧客の立場に立って考えることから始める。**顧客には世界がどのように見えているかを思い描こう。最大の問題や課題は何か。そして、あなたが顧客に見てほしい世界と対比させる。その違いは何か。これら2つの異なる状況を、どう視覚化できるか。

3.　**シンプルに。**イラストを乱用すると、シナリオがややこしくなる。ここで作るのはインフォグラフィックではない。より深いレベルまで顧客の注意を引きつけ、あなたのストーリーを覚えてもらい、社内全体で共有してもらうための、記憶に残りやすいツールを作っているのだ。おおよその目安：あなたの視覚的な資料を見ながら話を聞いた顧客は、3日後にその話を再現できるだろうか。

4.　**対比を入れる。**現状維持バイアスを引き起こす原因の1つに「選択の難しさ」という傾向があり、これを克服するには相違点を明確にする、とりわけ損失と利益を対比させることが効果的だと前に説明したのを覚えているだろうか。損をしたくないという感情は、あなたのイラストでも味方になってくれる。イラストのなかに明確な対比を入れると、顧客の意思決定は格段に容易になる。顧客がたどる道筋を示せば、顧客があなたのリードに従う可能性が高くなる。

　どのような対比を示すかは、商機によって異なる。「現

状維持を促すイラスト」は、「発展を促すイラスト」とは違う——さらに、どちらも「変化を促すイラスト」とも違うのだ。幅広い営業シナリオがあてはまる顧客を持つ営業担当者にとって、これはきわめて重要だ。これまでの章で説明したように、間違ったメッセージを伝えること——そしてそのメッセージを間違ったイラストで補うこと——は商業的な成功を台無しにする恐れがある。たとえば、「現状維持を促すイラスト」では、顧客が達成した項目をすべて挙げて、他の選択肢を選んだ場合のリスクやコストと対比させよう。「発展を促すイラスト」では、現在のアプローチはそう悪くないと示したうえで、変化を拒否した場合のリスクやコストと対比させる必要がある。

注意事項：メッセージにイラストを追加するときは、ストーリー構成のなかに緻密なイラストを盛り込みすぎないよう注意しよう。対比が際立っていて、記憶に残りやすい要素に絞ること。

- 「現状維持を促すイラスト」は、以下の3つの要素に絞って作成する。
    - これまでの経緯は？（報告済みの実績と前の意思決定プロセス）
    - 成功を妨げる可能性のある要因は何か？
    - 方針を堅持するメリットは何か？

- 「発展を促すイラスト」は、以下の4つの要素に絞って作成する。
  - **進捗**——あなたと顧客が一緒に実現した進展を視覚化する。
  - **変化**——顧客を取り巻く状況はどのように変化し、進化しているか？
  - **現実**——現在の状況はどうなっているか？（厳しい現実とリスク）
  - **勝機**——顧客にはどんなチャンスがあるか？

　フランス人哲学者のヴォルテールはかつて「人を退屈させる秘訣は、すべてを語ることである」と言った。イラストつきのストーリーを作るときは、この言葉を胸に刻んでおこう。そうすれば、あなたのストーリーはいつも切れ味鋭く、興味深く、そして何より覚えやすいものになるはずだ。

　画像優位性は、十分に立証、裏付けされた科学的知見ではあるが、どのような画像が最適かという大きな疑問が残っている。ストーリーを視覚化する方法はいくつもあるが、科学的にもっとも説得力と効果があるのはどれだろうか。

　誰もが知りたいこの疑問の答えを求めて、コーポレート・ビジョンズはスタンフォード大学経営大学院教授のザッカリー・

トルマーラ博士と共に新たな共同研究に着手した。実験は視覚的素材以外はすべて同じもので統一した。被験者はみな、同じ人が同じ文言を話すのを録音した音声を一度聴く。音声から聞こえてくる文言は同じだが、被験者がスクリーンで目にする視覚情報は異なっていた。

- 被験者の3分の1には、パワーポイントのよくある箇条書きのスライドに小さなストック写真が1枚入ったものを見せた。
- 被験者の3分の1には、数語の文字が入った1枚の画像をスクリーンに大写しにして見せた。
- 被験者の3分の1には、スクリーン上に手描きされてゆくイラストを見せた。

　実験では、手描きのイラストが6つの項目すべてにおいて好成績を収めた（図11.2）。なかでも興味深いのが「信頼性」だ。全員が同じ音声からまったく同じメッセージを聞いたにもかかわらず、手描きのイラストを映しながら流した音声がもっとも信頼できると受け止められたのだ。
　営業現場からの反応も、この結果を裏付けている。手描きのイラストを使ってアプローチした人は、しばしば「顧客が集中して聴いてくれるようになりました……こんなにすばらしいミーティングは初めてです」と感嘆する。顧客からも「うちの状況を熟知していますね」とか、「わたしの考えを見事に表現

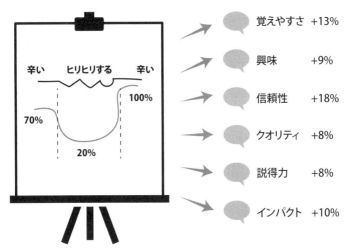

図11.2　シンプルかつ具体的なイラストを使って、信頼度や覚えやすさ、メッセージ全体の
インパクトをアップさせる。

してくれました」などと言われるようになるだろう。

　手描きイラストの最終目標は、顧客と真の会話をすること、
つまりできる限り系統立てて柔軟な会話をすることだ。会話が
柔軟だと、顧客は積極的に会話に参加できるし、うまくいけば
顧客がペンを取って「一緒に」描き始めるようになる。

　だが、あなたと顧客が同じ空間にいない場合はどうか？　こ
うした状況は増加するばかりだ。InsideSales.comの統計に
よると、全営業の75%がリモートで行われている。そのうち
50%はインサイドセールスだけを行う営業担当者で、他にも営
業活動の半数を電話で行うようになったフィールドセールスの
営業担当者も含まれている。

では、イラストつきのストーリーというあなたの強力な武器を、電話だけでつながった地球の裏側の顧客にどう行使すればいいのだろうか。

　コーポレート・ビジョンズの調査によると、リモートでの営業トークにインタラクティブな画像を加えると、メッセージの効果や営業担当者に対する信頼度、情報に関する記憶力が著しく上昇した。

　この結果は理にかなっている。あなたが何かを耳にして、それをちゃんと覚えておいて理解したいと思ったときのことを思い出してほしい。黙って聞いているだけで記憶に残ると思っただろうか？　それとも、その情報をメモに書き留めただろうか？

　あなたの顧客にも同じことが言える。わたしたちの研究から、何らかの方法で聞き手の参加を促すこと——メモを取ってもらう、指示どおりにシンプルで具体的なイラストを描いてもらうなど——は、双方向性の低い方法より有効だとわかった。ストーリーをより効果的に伝えるためには、聞き手にどのような参加型行動を取ってもらうといいかを考えよう。

リモート営業で相手の関心を引きつけて覚えてもらうには

『インターナショナル・ジャーナル・オブ・セールス・トランスフォーメーション』誌とコーポレート・ビジョンズは、ウォーリック・ビジネス・スクールのニッ

ク・リー博士の協力のもと、電話やオンライン商談でのセールスでもっとも効果的なアプローチを突き止めるためのシミュレーションを行った。

　シミュレーションは800人の被験者を対象にオンラインで行われ、参加のレベルや双方向性の度合いを変えて、さまざまなアプローチを試した。実験の目的は、これらのアプローチが聞き手の心証や受け止め方、さらには記憶力に及ぼす効果——オンラインでのセールスで見込み顧客を引き込むのに重要な2つの指標——を評価することだ。

　シミュレーションでは、インサイドセールスの状況下で4つの条件が試された。簡単に言うと、4つの条件には以下のアプローチが含まれた。

- 聞くだけ
- 聞きながら見る
- 聞きながら見てメモを取る
- 聞きながら指示どおりにイラストを描く

　心証や受け止め方に関する評価では、ユニークさ、信頼できるアドバイザーか、電話の内容に説得力があったか、面会につながる可能性はどれぐらいあるか、といった重要な要素に対する効果を測定した。これらの領域では「聞きながら指示どおりにイラストを描く」

アプローチが、どの指標でも一番評価が高かった。

　実験では、覚えやすさや会話内容の再現度も評価された。電話がどれだけ注目に値し、記憶に残るものだったかを示す要素だ。内容を思い出せたか、正しく思い出せた項目の数、同僚にストーリーを再現できそうかといったことを測るこの領域では、「聞きながら見てメモを取る」アプローチが圧勝した。

　既存顧客とのビジネスの拡大を目指すうえでは、各顧客の意見や記憶力にポジティブな影響力を与えられれば、複数の意思決定者のコンセンサスを促すうえで大きなメリットになるだろう。担当者個人の興味を引けば、その人が部署内であなたのストーリーを支持し、他の意思決定者を味方につける可能性が高くなる。まさにすべての営業担当者が切望する、購入部門全体へのプラスの波及効果だ。営業担当者は、常に顧客を巻き込む（かつ魅力的で覚えやすい）会話を心がけることで、この波及効果を生み出せる公算が大きくなる。

ビジネスの拡大を持ちかけるときのこつ
——主導権か、パートナーシップか

　ここまで学んできたメッセージモデルやテクニックにも繰り返し登場する共通のテーマがある——自分を話題の中心に置い

てはいけない、ということだ。顧客が一番気になるのは顧客自身のことだ。その事実を受け入れて従い、顧客に関するストーリーを作成しよう。

そのためのシンプルだが強力なツールの1つが言葉遣いだ。「御社」という言葉を用いよう。ビジネスの拡大を持ちかけるときに顧客の視点から課題やソリューションを説明すると、顧客の反応が大きく変わる。多くの場合、文の主語を「弊社」や「弊社のソリューション」から、「御社」や「御社の実績」へと変えるだけで済む。たとえば、「弊社のソリューションは、御社の工場のダウンタイムを10%削減しました」と言う代わりに、「御社は、工場のダウンタイムを10%削減しました」と言おう。即座に競合他社との差別化ができて、顧客のなかのあなたの価値や信用度がアップする。さらに重要なのは、顧客を当事者にしている点だ。課題やリスクの責任は顧客にあると宣言することで情動効果が得られ、ソリューションは顧客に帰属すると宣言することで彼らを「英雄」に仕立てられる。

ジョーゼフ・キャンベルは、名著『千の顔を持つ英雄』(早川書房) で、世界中の神話や物語に登場する「英雄たちの冒険」の典型的な道のりを解説している。決して楽な旅路ではないが、それでも「英雄」役は魅力的だ。キャンベルのモデルに登場するもう1人の重要人物が「メンター」だ。メンターの役割は、英雄が苦難にぶつかったときに助言を与え導くことだ。

この設定の根底には、「自己関連性」と「心象想起」と呼ばれる2つの科学的概念がある。自己関連性とは、人は自分に関

連する情報だと覚えている確率がぐんと高くなる傾向を言う。つまるところ、誰もが自分自身の物語の英雄になりたいのだ。

　新規顧客を獲得するための会話では、この概念を簡単にあてはめることができる。誰もが顧客は英雄になりたがると考えるし、ベンダーはメンター役をやるべきだという点で一致するだろう。それどころか、この概念を営業担当者やマーケッターに紹介すると、彼らはみな熱心にメンター役に徹する。ベンダーのウェブサイト、パンフレット、プレゼン資料は依然としてベンダーが英雄であるかのような文言であふれているが、まあ、発想は間違っていないと認めてあげようではないか！

　既存顧客にビジネスの拡大を持ちかけるときは、英雄とメンターの線引きは少しあいまいになる。実際のところ、これまで紹介した一連のメッセージモデルは、信頼のおけるパートナーというあなたの「レギュラー」の座を強化するためのものだった。であれば、あなたと顧客とは手を携えて英雄の冒険の旅を歩んでいることにならないだろうか。だとしたら、顧客とベンダー双方を含めた「わたしたち」という言葉を使って、問題の説明責任と結果の共同責任を負うことを伝えるべきではないだろうか。先の例で言うと、「御社と弊社のパートナーシップによって、わたしたちはダウンタイムを10％削減しました」となるだろうか。

　実際にコーポレート・ビジョンズが行った調査では、回答者の多くが主なエンゲージメント戦略としてこのアプローチを使っていた。回答した企業の過半数（52％）が、「御社」と言う

方がより良い結果をもたらしそうだという意見に同意したが、その数と大差のない47％の企業が顧客とのやり取りに「わたしたち」を使っていると認めた。さらに言うと、それらの企業は「わたしたち」という言葉を意図的に使っていると回答した。この言葉を使えば、自分たちを価値と知見をもたらす信頼できるパートナーだと位置づけられるからだという。

　このやり方は正しいか？

　科学的にはノーだ。

　わたしたちの実験では、「御社」を用いたメッセージの効果は、すべての主要項目において「わたしたち」を上まわっていた。「御社」という言葉を使ったメッセージを受け取った被験者は、

- 課題を解決しなければと責任を感じる可能性が21％高い
- 行動を起こす可能性が13％高い
- この問題は、組織が将来成功するために重要だと感じる可能性が９％高い

という結果だった。

第 12 章

会話をリードする方法

ビジネスを拡大するうえで役立つ高度なスキル

　ここまでで、あなたは顧客とのビジネスを拡大するためのストーリーをもっとも効果的に伝えるための基本的なスキルをマスターした。「御社」という言葉で顧客をストーリーの英雄にする術も学んだ。対面セールスであれリモートでの商談であれ、イラストを使ってストーリーを語り、顧客の関心を引きつける方法も学んだ。さらに、顧客の現状維持バイアスを強化するために、実績をどうまとめて提示すればいいかも知っている。

　だが、会話の他の部分はどうだろう。それぞれのメッセージモデルで各ステップを最大限に有効活用するために、他に知っておくべきことは何だろうか？

「現状維持を促すメッセージモデル」、「値上げを納得させるメッセージモデル」、「発展を促すメッセージモデル」の各ステップを復習して、より説得力のあるメッセージにする方法を説明しよう。

現状維持を促す会話をリードする

　顧客に現状維持を促すには、ひたすら現状維持を強調しよう。革新的なイノベーションや新しいアイデア、あっと驚く情報を紹介する場面ではない。また、変化に伴うリスクやコストを説明する際に、弁解じみているとか、尻込みしていると思われないよう気をつけよう。そのためには、顧客の目標とこれまでの成果といった顧客の観点から会話を始め、リスクについての議論はトーンを抑えた実務的な内容にとどめておくことが大切だ。

● **ステップ1：実績を報告する**──これまでの章で学んだように、最初のステップはあなたとの協業期間や効果を数値化することだ。まずは、営業プロセスであなたと顧客が一緒に設定した目標を確認する。第11章で紹介した「3つの指標」を用いて目標を設定した場合は、あなたのフレームワークのフローはすでに決まっているだろうから、それに沿って報告しよう。

　このステップでは、すべての項目を達成できていなくても心配はいらない。ここでは、顧客が掲げた目標をすべて達成するのをサポートしたと示す必要はないからだ。それを期待するのは非現実的だ。示すべきは進捗、つまりスタート地点と現在の到達地点との比較だ。第11章で学んだ伝達テクニックを利用して、目標達成に向かって順調に

進んでいることを示し、これまでのプラスの成果を強調しよう。顧客とは企業レベル、事業部レベル、プロジェクトレベルで目標を定めたと思うが、これらの目標に関連する成果を伝えること。

● **ステップ2：前回の意思決定プロセスを振り返る**──次のステップでは、顧客があなたとの協業を決めた際の検討事項を確認する。以下の内容を吟味すること。

　　○決定までにどのような手順を踏んだか？
　　○関わったのは誰で、最終決定を下したのは誰か？
　　○顧客はどのような判断基準を基に選択したか？
　　○顧客が検討して除外した他の競合他社や選択肢は何か？　また、除外した理由は？
　　○最後は、顧客はなぜ最終的にあなたを選んだのか？という重要な問いだ。

　現在更新を協議している担当者が当時の意思決定に関わっておらず、購入を決めた経緯をまったく知らない可能性は大いにある。その場合、この話し合いの重要性はさらに増す。なぜなら顧客の知らない情報をあなたが知っているからだ。もしその情報があなたの手元になければ、自社のカスタマー・サクセス部門やCRMデータベース、最初に契約にこぎつけた営業担当者などにあたってみよう。顧

客との付き合いが長ければ、「御社とのお付き合いは8年におよびます。その間に、業者を変えようとお考えになったことが何度もあったでしょう。ですが、いくつもの選択肢を検証しては、毎回弊社との契約を継続することを判断してくださいました」と付け加えておこう。

　自社の情報源にあたってみよう。なければ、顧客に聞いてみるのも手だ。あるクライアントは、顧客の意思決定プロセスに関する情報を一切保管していなかった。担当していたのが若手の営業チームで離職率が高かったこともあり、記録を見つけ出すのは不可能だった。その場合は、営業チームの誰かが単刀直入に「御社がわたしたちを選んでくださった2年前には、わたしはまだこの会社におりませんでした。なぜ選んでくださったのか、教えていただけませんか？　安いプロバイダーだからでないのは承知しています。では、どのような理由だったのでしょうか？」と訊いてみよう。顧客は、質問に答えてくれるだけではない。顧客がそれまで享受してきた価値を再確認して、その場で契約を更新してくれるケースが多々あるのだ！

● **ステップ3：変化にはリスクが伴うと注意する**──このステップでは、変化に伴うリスクに言及することで、顧客のなかにある「後悔や非難への恐れ」を刺激する。つまり、判断を誤った場合のビジネスへの悪影響を浮き彫りにするのだ。特に、顧客が当初掲げていた目標に関わるリスクを

強調しよう。あなたがすでに報告した実績との明暗がはっきりし、彼らがすでに手に入れている価値がさらに鮮明になる。

　○再び変化を起こすことでビジネスにどのような影響が
　　あるか？
　○この時期に変化を起こすことがなぜそれほど問題なの
　　か？
　○変化を起こしたものの失敗した場合、顧客の状況の何
　　に悪影響がおよぶか？

　留意しておくべき重要なポイントが2つある。1つめは、リスクに言及しても、力説しないこと。いま他社に切り替えると、こんなに悲惨な結末に陥りますとつい力が入りがちだが、恐怖や不安や疑念を過度にあおると、印象操作をしていると受け取られて、顧客を意図せず遠ざけてしまう可能性がある。リスクに言及するときは、事実に基づいて親身になること。誇張しないように！　あなたが力説しなくても、顧客は現状維持バイアスからリスクをひしひしと感じるはずだ。
　2つめは、読者は違和感を覚えるかもしれないが、リスクに「言及する」というのは「説明する」ということだ。きちんと伝えよう。
　ワークショップやプレゼンでこの点を説明すると、必ず

参加者の誰かがこう訊いてくる。「顧客にプロバイダーを変える話をしろと、本気で提案していらっしゃるんですか。そんなの藪蛇じゃないですか。わざわざ災いの種をまく必要があるんですか」

　その理由は2つある。わたしたちの調査から、前述のようにリスクをはっきり述べるメッセージモデルが一番成績が良いことが判明した。いずれにせよ避けて通れない道だ。だから科学的にもこのアプローチが支持された。それに、あなたが言及するまで顧客は競合他社を検討しないなどと、本気で思っているのだろうか。あなたが言わなくても、顧客は競合他社に接触しているはずだ。直接接触していなくても、販促資料や見本市の展示ブース、あるいはリンクトインから送り付けられるメッセージなどを目にしているだろう。リスクについて言及すれば、顧客のリスク回避志向を刺激できるだろう。何も言わないリスクに比べれば、顧客が考えたこともない乗り換えに言及するリスクなどたいしたことではない。

- **ステップ4：変化はコストがかかると強調する**──このステップでは、現状維持バイアスを引き起こす要因の1つである、「変化に伴うコストへの懸念」に直接働きかける。顧客はすでに、現状を維持すれば無料だが、他社に切り替えるとコストがかかると思っている。だが、時間的なロスや優先事項に注力できないなど、コスト以外にも考慮すべき

損失がある。新しい業者選びは一筋縄ではいかず、膨大な時間や人手がかかる。

　あなたの顧客を奪おうと、競合他社が大幅な値下げを提示してくるかもしれない。値下げで一見安くなったように見えても、変化に伴って発生する費用で相殺されてしまう可能性が高いと顧客に教えてあげよう。

○プロセスの再構築にどれくらい費用がかかるか？

○再研修しなければならない従業員は何人で、1人当たりのコストはいくらか？

○ユーザーサポートに何時間かかるか？

○一時的にせよ、生産性が低下することでどれだけの損失を被るか？

　心理学者のダニエル・カーネマンは、プロスペクト理論に関する研究でノーベル賞を受賞した。この理論は、リスクや損失が意思決定に果たす役割に着目している。カーネマンは、人間は得することよりも、損失を回避することの方を2倍以上重視すると証明した。変化に伴うリスクやコストを顧客に示すときは、「レギュラー」（あなた）を変えたら、顧客がどんな損失を被る可能性があるかに重点を置いて話そう。つまり、あなたとの契約を更新しなければ、顧客はどんな損失を被るかを考えながら、会話を進めることだ（図12.1）。

プロスペクト理論によると、損失の話をしたあとに利益の話をする方が、相手からより好ましい反応が得られるという。

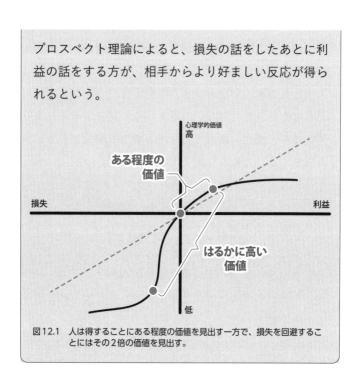

図12.1　人は得することにある程度の価値を見出す一方で、損失を回避することにはその2倍の価値を見出す。

●**ステップ5：他社にひけをとらない進化について詳しく説明する**──現状維持を促す会話の最後のステップでは、あなたのソリューションについて話そう。潜在的な損失と対比させるように、あなたのソリューションがもたらす利益を語るのだ。ようやく！　とはいえ、あわててはいけない。前述したように、現状維持バイアスを引き起こす要因の1つに「選択の難しさ」がある。このステップでは、「選択の難しさ」を強調するが、競合する選択肢との対比をはっき

りさせないと、顧客側にあなたのソリューションの価値が伝わらない。

　よく考えてみてほしい。顧客があなたのソリューションと競合他社のそれとの違いがわからなければ、ごく自然に現状維持、つまりあなたのソリューションを選ぶだろう。したがって、いくらユニークで他社にはない新機能が発売されたとしても、更新を勧めるときに新機能の話を持ち出すのは見当違いだ。更新を促すメッセージに最新の目玉機能や特徴を詰め込むと、顧客は他の選択肢も検討してみようと考えるようになり、図らずも競合他社にチャンスを与えてしまう。

　このステップでは、あなたのソリューションが市場での競争力を維持していて、それを可能にした技術的な進歩についてだけを解説しよう。内容を絞り込むこと。機能や特徴を次々と挙げて顧客を混乱させてはいけない。顧客の当初目標に特に関連の深い機能だけを取り上げること。現状維持を促す会話では、あなたの技術革新を他社と差別化させる必要はない。ベストである必要はないし、ベターである必要もない。他社と同じようにソリューションは進化していて、顧客には変化を起こす理由などないことを示すだけでいい。あなたのソリューションを選んだ顧客の選択は正しく、当初の目標達成に向けて順調に進んでいると太鼓判を押そう。

値上げを納得させる会話をリードする

　第4章で説明したように、大多数の企業が成長のために値上げは「重要」あるいは「不可欠」だと考えている。にもかかわらず、半数以上が顧客に値上げを伝える方法に自信を持てないでいる。60%の企業が値上げを伝えるのは営業担当者の役割だと回答しており、非常に言いにくい話題を持ち出して会話するスキルは、値上げを納得させるスキルと同じくらい重要なようだ。

　幸いにも、あなたはこのタイプの会話の大部分を、現状維持を促す会話ですでにマスターしている。最後のステップとして「値上げを納得させるメッセージモデル」を付け加えよう。つまりアンカリング効果をねらって高めの価格を伝えたあとに、ロイヤルカスタマー割引を申し出るのだ。

　アンカリング効果を意識すると、高額なものから少額なものまで、さまざまな購入シーンにあふれていることに気づく。住宅営業マンは「この先の家は、言い値よりも20%も高い値段で売れましたよ」と教えてくれるかもしれない。あるいは、メニューにグラスワインが9ドル、7ドル、6ドルの順で並んでいる場合は、9ドルのワインを基準にして、7ドルのワインを手頃な値段に見せようとしている。さらに、6ドルのワインは質が劣っているように見せる役目も果たす。

　アンカリング効果がおもしろいのは、効果をねらっているとわかっていても、つられてしまうことだ！　不確かなことを判

断してくれと迫られると、脳はどうしても近道を選ぼうとする。あなたが望もうが望むまいが、脳は先に提示された基準にしがみつく。脳の近道はあなたが思うよりずっと単純で、最初に聞いた数字を基準にしてしまう——それがいかに的外れな数字であっても。

　営業担当者は、理不尽に高い金額を基準（アンカー）として提示するのをためらうことが多い——あまりに高いために、顧客に一笑に付されそうな金額で、わたしたちが「おバカゾーン」と呼ぶ価格帯のことだ。そうして最初に低すぎる金額を提示しがちだが、それでは顧客の思うつぼだ。理不尽に高い価格だと、顧客は笑って帰ってしまう。理不尽に安い価格だと、そんな価格で取引する業者はいないと顧客に見抜かれてしまう——この２つの価格の間を「合理的な範囲」と呼ぼう。

　値上げを納得させるための会話では、最初に「合理的な範囲」内でもっとも高くて、妥当かつ信憑性のある金額を提示しよう。初めのうちは高すぎると感じるだろう。だからこそ妥当性と信憑性が重要なのだ。ロイヤルカスタマー割引を提示する前でも、顧客に妥当だと弁護できる高めの金額を基準（アンカー）として設定しよう。

　やや高めだが妥当な金額を伝えると、顧客はあなたとの契約更新を前向きに検討し、必要な値上げも受け入れやすくなる。研究によると、最初の提示金額と最終的に決まる金額には強い相関関係があり、どのような文化にもアンカリング効果は有効だという。

値上げを納得させる会話でこの効果がどう作用するか、一例をご紹介しよう。

　あなたには更新を控えた既存顧客がいて、最低２％の値上げを受け入れてもらう必要があるとする。値上げをどう切り出すか、さまざまな選択肢が考えられる。

　単刀直入に２％を要求するのも１つだ。とはいえ顧客はどう反応するだろうか。顧客はもちろん、値下げを交渉してくるだろうから、最初に提示した金額で決着できればむしろラッキーだ。

　そこで、アンカリング効果をねらって、顧客にとっての「合理的な範囲」内で高い金額を提示する。

　ここで別の壁にぶつかる。あなたは顧客の「合理的な範囲」内の一番高い金額を知らない。だが、あなたが提示してみようと思う金額よりは高いに違いない。一番高い金額は5％かもしれないが、あなたが3％なら受け入れてくれるだろうと思い込んでいる可能性もある。

　3％の値上げを提案して1％割引する腹づもりでいてもいいが、それだとあなたも顧客も物足りない。しかもこの場合も、あなたの希望金額に着地するには、あなたの側に交渉の余地がほとんどない。

　だが、顧客の目標達成に今後も貢献できる、他社に負けない技術革新があると示して、高めの金額をはじめに正当化すれば、顧客の「合理的な範囲」を6％にまで引き上げられるだろう（図12.2）。そのうえで、ロイヤルカスタマー割引を申し出て、4％

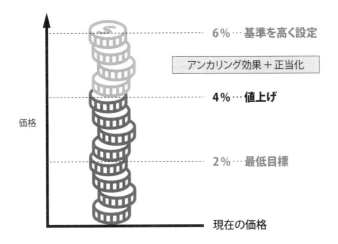

図12.2　高めの金額を提示したうえで正当な理由で割引をすれば、必要最低額を上まわる値上げに成功しつつ、顧客も満足させられる。

で合意させるのだ。

　これであなたは最低金額よりも高い値段で契約できるし、顧客もたくさん割引してもらえたと満足感を味わえる。

　アンカー効果をねらって高めに設定するのは、価格に限ったことではない。契約期間やライセンス数など、どんな内容であれ、最終的な着地点より高めの数値を言って顧客の基準（アンカー）を設定してから交渉を始めることができる。

発展を促す会話をリードする

　顧客に同じものを購入し続けてもらうことも大切だが、顧客をつなぎ留めておくだけでは、いくら顧客が喜んで値上げに応じてくれたとしても、あなたの会社の成長目標は達成できないだろう。別の製品を購入してもらうか、より高額なソリューションに移行してもらうかして、顧客の単価を引き上げる必要がある。つまり競合他社を遠ざけつつ、顧客との関係を発展させる必要がある。

　発展を促す会話は、顧客の現状をリセットして、より高いステージへと引き上げるチャンスだ。あなたは顧客のウォレットシェア、商品普及率、契約の価値など、さまざまな要素を向上させている。発展を促す会話が功を奏するたびに、あなたの「レギュラー」としての地位が盤石になり、実績を積みあげ、さらなるビジネス拡大を持ちかけるための足場固めができる。うまくやれば、そのパートナーシップから双方が価値を創出し続けられるのだ。

　だが、発展を促す会話はやっかいでもある。あなたは現職でありながら、新しいソリューションに対する投資、つまり変化を顧客に求めている。それはつまり、顧客に変化を勧めながら「レギュラー」の地位を強化しなければならないということだ。顧客はすでにあなたから購入しており、あなたもその関係を維持したい。だが、顧客に状況を変えてほしい、しかもあなたのソリューションの範囲内で。現状維持の代償は非常に大きいこ

とを示す一方で、顧客をとどめておかなければならない。

「発展を促すメッセージ」がもっとも効果を発揮するのは、た
とえば築き上げた信頼関係や、顧客の目標に向けて共に歩んで
きた進化への道程など、あなたと顧客との関係の感情的要素を
強調したときだ。第7章で紹介した最強のメッセージは、顧客
の頭と心に働きかけるものだった。はっきりとした対比を示し、
顧客の切迫感を高め、説得力があって顧客が新しいソリュー
ションを購入したくなるメッセージだった。こうした感情的な
働きかけがないと、その後の会話も思い通りにいかなくなる。

● **ステップ1：実績を報告する**── 発展を促す会話は、現状
維持を促す会話や値上げを納得させる会話と同じように、
顧客の実績を報告することから始める。ここでもやはり、
あなたとの契約期間の長さやインパクトを数値化して表そ
う。だが、変化によるコストやリスクを強調するのではな
く、周到に計画された進化を、信頼できるパートナーであ
るあなたと一緒に実現しましょうと提言する。

● **ステップ2：周囲からのプレッシャーを強調する**── ここ
では、現状維持の要素を強調しつつ、変化の種まきをす
ることが重要だ。さらに、強調するのは論理的かつ自然
で、十分に起こり得ると感じられるような変化へのプレッ
シャー、つまりビジネス上不可避と思えるプレッシャーで
なければならない。

この段階では、顧客を混乱させるのも、彼らのいまの考えを変えるのも得策ではない。新しい規制上の要件、消費者の嗜好の変化、業界のトレンドなど、顧客が気づいていて何とかしたいと思いながらも対処する機会のなかったプレッシャーがある。あなたには、こうしたプレッシャーに目を向けられる誠実な良きパートナーとしての役割が求められる。

ここでは、顧客が耳にしたことも対処したこともない新しいプレッシャーを持ち出すのではなく、以前あなたと対処したことのある問題から発生したプレッシャーを伝えよう。あまりに斬新な内容だと、競合他社につけ入る隙を与えかねない。

周囲からのプレッシャーを提示する際は、データや見通しを活用し、顧客の現状と目標との間に存在する不安要素を強調する。たとえば、「購買層の人口構成が大きく変わってきています。実際に最新の調査では、わずか3種類の購買層が、いまから2030年までの世界の都市部の個人消費の伸びの半分を占めるようになることがわかっています」などが考えられる。新規顧客獲得のために当時使った視点とは違った洞察を示すこと。外部要因が大きく変化したために、顧客のビジネスに対するプレッシャーが増大していることを示したい。どんな策を講じるにせよ、あなたの新しいソリューションで解決できるプレッシャーを提示しよう。あなたが答えを持ち合わせていない問題を提起しては

いけない。顧客に競合他社に乗り換えるよう後押しするようなものだ。

● **ステップ3：「厳しい現実」を伝える**──「厳しい現実」とは、あなたが先ほど伝えたプレッシャーを放置した場合にどうなるかという現実のことだ。ここでは、周囲からのプレッシャーを放置すると何が起こるかを伝えて、顧客に注意を促そう。このステップではコーチや厳しい教師、メンターになったつもりで、心の底から顧客のためを思い、状況を改善するために真実を教えてあげよう。

　相手の心に訴えるような言葉を使うことが重要だ。厳しい現実を伝えねばならないものの、顧客を気遣い、他人事とは思っていないと伝わる言葉やトーンで話すこと。

● **ステップ4：変化を拒否した場合のリスクを強調する**──次に、厳しい現実から目を背けると、変化を拒否したことによる代償やリスクなど、悪い結果につながると伝えよう。何もせずに放置するとどうなるか、具体的に話そう。「後悔や非難への恐れ」を回避したい顧客の感情に直接働きかけるべく、多岐にわたる話──事業実績、業務プロセス、財務実績──を持ち出してみよう。同時に、もし顧客が競合他社への乗り換えを検討していたら、他社への乗り換えがもたらすリスクを臆せず掘り下げよう。あなたと一緒に築き上げてきた価値のすべてが消失し、他の人とまたゼロ

から再構築しなければならないと強調しよう。

　余談だが、まだ顧客とこのような忌憚のない会話をしていないのなら、すぐに始めよう。あなたが顧客のチームと率直に話せるような──そして顧客があなたに正直に心配事を打ち明けられるような──お互いに心を許した心地良い関係が望ましい。発展を促す際にはこの信頼関係が要となるし、現職であるあなたに利するようにリスクを説明できる。このような繊細な話ができるようになるのを座して待っていると、競合他社につけ入る隙を与えてしまう。顧客が競合他社から聞いた新しい観点をあなたに披露して、「信頼できるパートナーのはずなのに、どうして教えてくれなかったのか」などと責めようものなら、あなたも立場を失うだろう。

● **ステップ5：改善するチャンスだと説明する**──「発展を促すメッセージモデル」の最後のステップでは、あなたが描く新たな未来像を伝える。ここでは、変化を拒否することのリスクと、変化による改善のチャンスとを対比させる。ここでもあなたは対比させる方が効果的だと気づくだろう。

　このステップでは、リスクからエンパワーメントへと軸足を移す。もっとも効果的な方法の1つは、前章で取り上げたように、「御社」という言葉を用いて顧客にソリューションの主導権を握らせることだ。この場合の主導権とは、

あなたの提案どおりに変化を起こして、社内的、社外的な利益を得られた場合、それをすべて顧客の手柄にすることだ。状況を変化させて成功した別の顧客のエピソードを披露するのではなく、目の前の顧客が意思決定を下した結果、見事にソリューションを使いこなしている姿を描き、顧客自身を英雄に仕立て上げる。

　そして、そのような価値を手にするには何をすべきかを述べて、締めくくる。

第 13 章

....

事業戦略としての
ビジネス拡大メッセージ

....

　あなたの仕事がチームを率いること、組織の成長をサポート
すること、または会社の商業戦略を策定することなら、ぜひこ
の章を参考にしてほしい。

　本書を通して一連の役立つメッセージモデルを説明してき
た。既存顧客との関係における重要な商機を迎えたときは、こ
れらのメッセージモデルを使って戦術的な決断を下し、成果を
上げてほしい。そして、自社全体を変容させたいときにあなた
が直面しそうな障害についても知っておく必要がある。こうし
た障害は、顧客エンゲージメントを獲得するための古い慣行に
ありがちだ。この本から学んだことを存分に有効活用するには、
この慣行を壊さなければならない。

　本章で、こうした戦略的な組織変容を行うのに有益な3つの
主要なアクションを学ぼう。

●顧客ライフサイクルを通して、あなたから顧客に送るメッ
　セージのリズムを変える

- ●ビジネスレビュー会議の内容を変える
- ●キックオフ・ミーティングの着眼点を変える

初めに、多くの組織がどこで間違えるかを見てみよう。

ほとんどの企業と同様に、あなたの会社の顧客エンゲージメント活動も論理的なフローに従っているのではないだろうか。まず、新しいクライアントと契約する。それから営業担当者が、契約後のフォローをするチームにクライアントを引き継ぐ。カスタマー・サクセス・マネージャー（CSM）か、肩書は違っても基本的に同じ役割を担う誰かだ。次にCSMがソリューションの導入、使用、報告を担い、問題が生じればその解決を行う。

その間、営業担当者は補助的に顧客に関わるだけだ。顧客に連絡を取って問題がないか確認するかもしれないが、ソリューションが導入される間、営業担当者は通常ノータッチだ。契約期限が迫ると、彼らは顧客が更新を決断する日が近いことを意識して、再び顧客と関わるようになる。顧客は更新して契約期間を延ばしてくれるか？　もっと高い金額を払って新製品を買ってくれるか？　他社に乗り換えないか？　自社で独自にやる方法を見つけるだろうか？

さて、本書で学んだ「現状維持を促すメッセージモデル」と「発展を促すメッセージモデル」を、営業部門に伝授したと仮定しよう。彼らはどこでメッセージモデルを活用するだろうか？おそらく彼らが再び顧客と関わる時期、つまり契約終了前だろう（図13.1）。

図13.1　ほとんどの営業担当者は、契約期限の直前まで待ってから顧客に連絡を取る。

このやり方は間違っている。

その理由を説明する前に、営業部門の顧客エンゲージメント戦略の背後にあるいくつかの思い込みを見てみよう。

契約期間の終盤になるまで営業担当者が顧客に関与しない理由として、おそらく次の2つが挙げられる。

1.　**営業担当者が、顧客に売れるものをすべて売ってしまった場合。**そのため営業担当者は、すぐに買ってくれそうな新規の顧客探しを優先する。これは合理的なやり方ではあるが、大抵の場合、契約中はずっと顧客に関わり続ける方が実りも大きいだろう。既存顧客に対して、あなたには現状維持バイアスという強みがあることを思い出してほしい。契約期間を通して顧客と営業担当者との関係を強化すれば、この2者間の関係という強みが得られるし、契約の更新や延長の際に有利に話を進められるだろう。

図13.2　営業担当者が契約期間中に顧客と関わらないと、メッセージの空白期間が生じる。

2.　営業担当者が、契約中の顧客は他の商品の売り込みを嫌がると思い込んでいる場合。まだ契約が満了していないのに、既存顧客にアップグレードや追加のサービスを紹介して購入を検討させるのは「間違っている」か「失礼」な気がする。むしろ契約満了が近づいてから、より高いものを売るのが最善策のように思える。さらに、契約の終盤に向けて顧客はより「価値」を実感するだろうから、次の商品も売りやすいだろう。少なくともそのように正当化する。

これがカスタマーエクスペリエンスにとって何を意味するかを考えれば、この考え方の根底にある欠陥が見えてくる。あなたがこのアプローチを取ると、顧客の契約期間のほとんどは、あなたの会社から連絡のない、メッセージの空白期間となる（図13.2）。

「大丈夫さ。うちと契約を結んでいる限り顧客は安全だ。契約

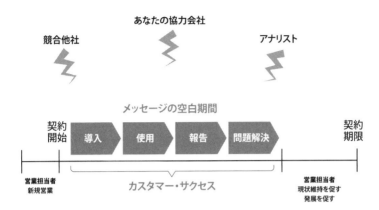

図13.3　あなたからのメッセージが途絶えている間、競合他社がその空白を埋める。

期限まで待ってからセールスメッセージを伝えよう」と思うか
もしれないが、その思い込みは間違っているし、危険でもある。

　会社のエンゲージメント戦略に従って作られたメッセージの
空白期間中に、顧客は本当にセールスメッセージを一切受け
取っていないのだろうか？　まさか。

　顧客は大量のセールスメッセージにさらされている——たと
えば競合他社、あなたの協力会社、業界のアナリストなどから
も（図13.3）。

　彼らは、あなたの顧客にどんなメッセージを送るだろうか？
顧客の心をざわつかせるために精巧に練られたメッセージだ。

　競合他社は、顧客があなたのソリューションを使っているこ

とを知っていて、その地位を奪うことを第一目標に掲げる。そのため、あなたが顧客のためと思って誤ってメッセージの空白期間を置く間に、競合他社が顧客に働きかけて、中核事業の問題はこう解決すべきだという顧客の思い込みを書き換えようとする。

メッセージの空白期間中、あなたの味方ではない誰か、あなたから顧客を奪いたい誰かがその空白を埋めるため、契約終了間近になって営業チームがメッセージを伝えても、すでに手遅れだ。あなたは価値を伝え損なったのだ。実際には顧客は、あなたが伝えたかった内容を、すでに他の誰かから聞いて知っている。そして、あなたが話し始めたら真っ先に「どうしてそれをこれまで教えてくれなかったんですか?」と訊いてくるだろう。

おそらくあなたは「それは違う。契約期間中はずっと、カスタマー・サクセスチームが四半期ビジネスレビュー会議を通して顧客と関わっているから、メッセージの空白期間はない」と思うかもしれない(ビジネスレビュー会議が開催されるのは、月ごとか半年ごとか、その他の期間ごとかもしれないが、簡潔にするために、本章では定期的に行われるビジネスレビューをひとくくりにして「四半期ビジネスレビュー会議(QBR会議)」と呼ぶ)。

前述したとおり、契約の開始段階からカスタマー・サクセスチームが顧客の対応にあたり始める。導入、使用、報告などの指標を把握し、途中で問題があれば解決する(必要に応じて、「許しを請うメッセージモデル」を使ってほしい)。そしてQBR会議の

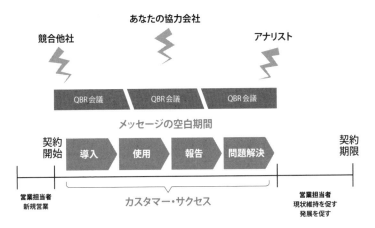

図13.4 顧客対応の活動とセールスメッセージは同じではない。

際にこれらの情報を顧客に伝える（図13.4）。これでメッセージの空白期間を埋めることになるのではないかって？

　もちろん、この間にさまざまな活動が行われるし、おそらく会話も頻繁に交わされるだろう。だが、価値を伝えるメッセージを伝えていないのではないだろうか。実際、これらの会話の多くは、データの提供とか状況の報告と表現する方がふさわしいレベルだ。しかも多くは戦略的なレベルでもない。一度QBR会議に参加したエグゼクティブが、しばしば二度と参加しないのはそのためだ。なぜか？　QBR会議のテーマがエグゼクティブにとっての問題や関心事に合致していないからだ。

　価値を伝えるコミュニケーションがあってこそ正しいメッ

セージといえると考えれば、QBR会議での会話はメッセージの空白期間を埋めることにはならない。

　そこで役に立つのが「現状維持を促すメッセージモデル」と「発展を促すメッセージモデル」だ。これらのメッセージモデルは明確に価値を伝えるようにできているため、QBR会議のフレームワークとしてもすぐれていることが明らかになった。

　契約後の早い段階でのQBR会議では、現状維持を促すストーリーを語るといいだろう。つまり顧客の選択が正しかったことを裏付けるストーリーだ。万事は計画どおりにいっているし、彼らがあなたを選んだ決断は正しかったと強調するのだ。

　といっても、間もなくQBR会議の方向性を、発展を促すストーリーに転換する必要がある。

　こうした話は契約の終了まで待っていてはいけない。事実、わたしたちの調査でわかったように、契約終了間際に発展を促すと顧客を混乱させてしまうだろう。

　あまりに顧客を混乱させると、彼らは他にどんな選択肢があるのかと、いままで検討したこともなかった他社製品に興味を示すかもしれない。契約の終了が迫ってからそんなリスクを冒す必要はない。それよりも契約中で安全なうちに、発展というアイデアを伝える方がいいだろう。コミュニケーションのリズムを図13.5のようにしよう。

　メッセージのリズムを変えて、QBR会議のフローにフレームワークを取り入れれば、カスタマー・サクセスチームは一番

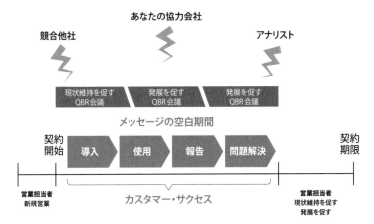

図13.5 契約期間内の安全なうちに、「発展を促すメッセージ」を伝えよう。

重要な仕事――価値を伝えること――をしやすくなるだろう。

　だが、カスタマー・サクセスチームから反対の声が上がるかもしれない。

　多くのカスタマー・サクセス・マネージャー(CSM)は、顧客に「売り込む」ような行為をしたがらない。顧客から「CSMはこのビジネスをありがたく思っていて、わたしたちを満足させるために日夜努力している」と思われたいのだ。事実、おそらく彼らは「いい人」であることに誇りを持っているだろう。顧客が信頼できるのは(営業担当者ではなく)自分たちだとまで言うかもしれない。

　CSMは、売り込みなどをして、自分たちのイメージを変えたくないのだ。誤解のないよう言っておくと、カスタマー・サ

クセス部門のメンバーに営業させろと提案しているわけではない。しかし、彼らは顧客に価値を伝える必要がある。

　言うまでもなく、顧客を喜ばせることはCSMにとって重要な仕事だ。とはいえ、会社は顧客を満足させるためだけにこれらのサポートチームに投資するわけではない。顧客をつなぎ止め、最終的にはビジネスを拡大してもらうためだ。

　それが目標なら、どうやって実現するのか？

　明確に価値を伝えることで、だ。

　とすると、あなたの商業戦略には3つめの改革が必要になる。

　次の改革を理解していただくために、「現状維持を促すメッセージモデル」と「発展を促すメッセージモデル」を簡単に振り返ろう。この2つのメッセージモデルはまったく異なるものだ。どちらも5つのプロセスと5つのメッセージ要素で構成されていて、1つのストーリーを成している。しかし、一方は現状維持バイアスを強化するが、もう一方は顧客を少し焦らせることを目的とする。

　ところが、この2つのメッセージモデルに共通する要素が1つある。最初の「実績を報告する」ステップだ（図13.6）。

　これらのフレームワークを導入するクライアントを何人も見ているが、興味深いことに「実績を報告する」ステップは、もっとも習得するのが難しいようだ。一方で、契約開始から始まるメッセージの空白期間を埋めるには、この要素がもっとも大きな違いを生む。

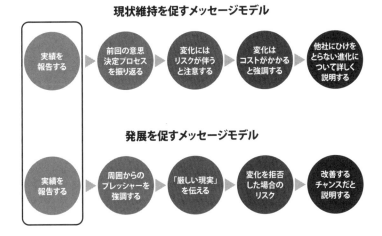

図13.6　この2つに共通するのが、「実績を報告する」ステップだ。

キックオフ・ミーティングをマスターする

　平均的なキックオフ・ミーティングを思い浮かべてみてほしい。比較的高価なものを売った場合は、顧客の本社にある「豪華な」会議室で開催され、双方のチームのメンバーが集まって大きなマホガニーテーブルを囲むようにして着席する。規模の小さい企業や安価なソリューションの場合は、オンライン会議になるかもしれない。いずれにせよ、出席者の紹介があって、いよいよプロジェクトが開始されるとひとしきり祝うだろう。それからカスタマー・サクセスのリーダーが、ソリューション

の導入によって何を成し遂げたいかと顧客に尋ねる。

　実は、これが間違いの始まりだ。

　顧客に導入の目標を尋ねたりしたら、大概「この期間内に××人ほどに利用者を増やし、これらの内部システムと統合して、××日までにすべての完了を目指します」といった類いの答えを誘導してしまう。

　あなたがカスタマー・サクセスのリーダーなら、「なるほど！」と言うだろう。そしてそれをせっせとメモする。それがあなたの目標となり、QBR会議ではこれを目標とした報告をまとめることになる。

　さて、このきわめて重要なキックオフ・ミーティングに、幸運にもあなたのソリューションを支援する上層のエグゼクティブが出席していたとしよう。そのエグゼクティブがあなたのソリューションを購入するにあたって期待していたのは、何人がそれを使っているか、人々がそれに何時間かけているか、いつ統合されるかを知りたかったからだろうか？　まさか。

　エグゼクティブがソリューションを買ったのは、もっと大きくてより戦略的なビジネス目標を達成するためだ。ところがあなたが肝心の戦略的な目標に触れることなく、目先の数値目標だけに照準を合わせて話をすると、そのエグゼクティブはおそらく二度とミーティングには出席しないだろう。

　これではメッセージを伝える機会を逸することになる。

　キックオフ・ミーティング次第で、その後に開催される一連のミーティングの議題をうまく設定できるし、将来的なビジネ

ス拡大戦略の基盤作りにも役立てられる。

　成功の指標を定める議論では、結論を急いではいけない。じっくり時間をかけよう。そして容易にデータを取れるからといって、あまり重要ではなさそうな指標で妥協しないこと。第11章で学んだ「3つの指標」を使って議論を進め、重要な指標——エグゼクティブが重視するような指標だ——の合意にこぎつけよう。顧客の当初の導入目標をメモして済ませたい衝動を抑え、その代わりに、顧客にこの新しい試みを通してプロジェクトレベル、事業部レベル、企業レベルで達成したい目標は何かを表現してもらおう。

　それらの目標の達成度をどう測るつもりかといった、やっかいな質問もためらわずにしてみよう。

　目標の達成度を測るのは、カスタマー・サクセス部門だけの仕事ではない。もっとも重要な目標は顧客側の指標でしか測れない場合が多いが、それは特に問題ではない。

　あなたがすべきは、それらが目標であり、その達成度によって成功を測るという点において顧客と合意することだ。そして双方が責任をもって目標に対するパフォーマンスを把握して、互いに報告をし合う取り決めをする。プロジェクトのパフォーマンスを一括して報告することに慣れている場合は、このやり方に違和感を覚えるかもしれない。だが、このように目標を設定すれば、エグゼクティブも積極的に関与するようになるだろう。

　また、顧客側にも抵抗があるかもしれない。ミーティングの

出席者のなかでも地位が低めの人は、ベンダーが全責任を負わなければならないような、容易な目標を定めたがるだろう。たとえば使用人数なら、あなたが簡単に把握できる。だが、それらの指標しか測らない方針を取れば、あなたを支援するエグゼクティブは間違いなく、あなたには彼らの組織に影響を与えるほどの力量がないと判断して失望するだろう。彼らにとっては、そうした指標は大して意味がないからだ。

有意義な目標を設定できなかったときに波及する影響は重大だ。現状維持を促すストーリーや、発展を促すストーリーは、何から始めるかを覚えているだろうか？ 「実績を報告する」ステップからだ。キックオフ・ミーティングにおいて真の目標を合意できなければ、以後の顧客との関係における重要な商機で有意義なメッセージを伝えられないだろう。契約が終わりに近づいたときあなたに言えるのは、「今後もよろしくお願いします。わたしたちの対応は悪くはなかったですよね」ぐらいだろう。

空白期間を埋める

本書で学んだことを最大限に活かすには、古い慣行が邪魔してフレームワークが実践できないなどということがないよう、これまでの顧客エンゲージメント活動のやり方から脱皮して、商業戦略を練り直す必要がある。以下を実践して、チームのみんなを新次元のパフォーマンスへと導こう。

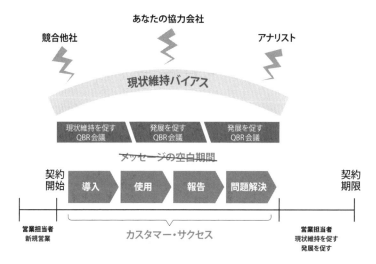

図13.7　価値をベースにした会話を通して、顧客との関係を維持し発展させよう。

● 顧客ライフサイクルを通して、あなたから顧客へ送るメッ
  セージのリズムを変える
● ビジネスレビューの内容とフローを変える
● キックオフ・ミーティングの着眼点を変える

　これを実践して、契約期間の初めから終わりまで価値を伝え
る会話を交わせば、メッセージの空白期間を埋められるだろう。
さらに、新しい商業戦略は顧客の現状維持バイアスを多いに強
化して、顧客の心に頑丈な盾を作り上げ、競合他社の攻撃から
あなたと顧客との関係を守ってくれるだろう（図13.7）。

究極的には、このようにして価値を伝え続ければ、これまで
に学んだ顧客を維持してビジネスを拡大するためのメッセージ
モデルをフル活用できるだろう。

第14章

発想の転換

おわりにかえて

　ここまで本書を読んでくださったあなたは、4つの重要な商機——更新、値上げ、アップセル、謝罪——において、組織が既存顧客に効果的にメッセージを伝えるために必要なメッセージモデル、状況を読む力、そして戦術的なスキルを学んだ。

　ここで、これまでの話の下地となるもっと大きな話をしておきたい。顧客がどのように価値を評価して選択するかを理解するにあたって、「ベストプラクティス」によって判断するのと、厳格な科学的検証に基づいて判断するのとでは異なることを知っておいてほしいからだ。

　営業やマーケティングのソートリーダーシップの多くは、ベストプラクティスから得られた情報だ。調査は企業で働く人々を対象に行われる。彼らにどう働くかを尋ね、その結果をアナリストが要約し、基本的には「この人たちは全社員のなかで上位25%の好成績を誇っていますから、彼らと同じようにやりましょう」などと言う。

この種の分析には問題がある。

もっとも重大な問題は、原因と結果の想定に根拠がないことだ。トップクラスの層が、たまたま一連の行動パターンを取っているからといって、その行動が好成績をもたらしたとは言えない。何百種類にもおよぶ、その他の要因のおかげかもしれない。たとえば、非常に成果を上げている何社かの会社があって、そのターゲット市場に大ブームが来ているとしよう。おまけに会社は互いの行動パターンをまねしがちなため、同じ方策を使っているものだ。

では、その方策のおかげで会社が好成績を収めていると言えるだろうか？　答えはノーだ。その状況なら、どんな方策もうまくいくだろう。

これらの企業が互いのやり方をまねし合っているという事実からは、何の洞察も得られない。群衆行動の特徴をとらえたに過ぎないからだ。

それでもその方策に効果はあるか？　あるかもしれない。といっても、それがどうやって、そしてなぜ効果があるのかといった基本を理解せず方策をまねるだけでは、どうやって導入するかについては勘に頼るしかないという事態に陥るだろう。最終的にうまくいくかもしれないが、それまでにかなりの努力を要するはずだ。

本書では、これまでとは異なるアプローチを説明した。この本には、ベストプラクティスから得られた情報は書かれていない。その代わりに、世界中の何千人もの被験者を対象にしたた

くさんの実験結果を学んだ。

わたしたちは調査に資金供出したが、構想を練って実施したのは中立的な立場の科学者たちだ。本当の原因と結果を探るために、科学者たちは意図的に実験のプロセスを練って、ベストプラクティスからは導き出せない結果を得た。

これであなたは、本書で紹介した状況でこれらのメッセージテクニックを活用できるだけでなく、想定外の事態になっても、状況を読んで行動できるようになるだろう。あなたはすでに顧客がどう価値を評価して選択するかを理解しているからだ。

思考の転換をはかるには、こう考えてみてほしい。ベストプラクティスから得られる情報は、コペルニクスが地動説を唱える前に人々が信じていた天動説のようなものだ。科学者たちが天体は地球のまわりを回っていると信じていたときは、他の惑星の動きを追跡することは難しかったが、不可能ではなかった。人々はただ観測データを次々と集めて、非常に複雑な数学的モデルを使って、惑星の行動パターンを解明しようとした。

だが、コペルニクスが思考を転換して、惑星が太陽のまわりを回っているとひらめくと、すべてが簡単に説明できるようになった。観測データが示している事象を解明できるようになり、計算も容易になった。さらには、惑星が天空のどこに位置しているかをより正確に予測できるようになった。

ベストプラクティスに習うというレンズを通して、マーケティングと営業を理解しようとすると、コペルニクス以前と同じ問題が生じる。顧客の行動パターンを観察できても、どう行

動するかはなかなか予測できない。観測データと実際の結果の辻褄を合わせるために、次々と複雑なモデルをひねり出さなければならなくなる。

　だが、ベストプラクティスをまねたアプローチから離れて、現状維持バイアスというレンズを通して顧客の意思決定を見ると、個々の状況で顧客がどう行動するかを予測できるようになるだろう。

　コペルニクスが自分の地図の中心にあった地球を太陽と取り換えたように、営業とマーケティングのプロフェッショナルも、自分の地図の中心にあるベストプラクティスから得た情報を、現状維持バイアスに関する知識と取り換えよう。

　現状維持バイアスの知識に、アンカリング効果、意思決定は感情に左右されること、視覚資料を使って説明する手法などを組み合わせれば、どんなに想定外の状況でも、4つのモデルを使ってもっとも影響力の強いセールスメッセージを作れるようになるだろう。

　本書で紹介したツールを繰り返し使って、ぜひ役立ててほしい。時間をかけてこの本を読んでくれてありがとう。

エリック・ピーターソン

コーポレート・ビジョンズ株式会社、ＣＥＯ

謝辞

....

エリック・ピーターソン

　25年以上前に妻のクリスティがわたしのプロポーズを受けてくれた日から、わたしの人生はすべてが順調だ。かつてわたしはキャリアの分かれ道に直面した。1つは給料が高くて出張が少ない仕事に就く道、もう1つはコーポレート・ビジョンズに入社する道だった。クリスティはわたしが気に入ると確信して、コーポレート・ビジョンズの仕事を勧めてくれた。予想通り、妻は正しかった。以来、わたしはこの仕事に従事できることをありがたく思っている。またジェレミー、ザッカリー、ブレットという3人のすばらしい息子たちにも恵まれた。子どもたちの自慢話はいくらでもできるが、それは別の本に取っておこう。わたしがこの仕事をしているのは、わたしが息子たちを誇りに思うのと同じように、息子たちがわたしの成果（この本など）を目にして、父親を誇りに思ってくれるよう願ってのことだ、とだけ言っておこう。

ティム・リーステラー

　わたしの人生に関わるすべての女性たちへ。愛する妻のローラは、出会った人たちみんなを心地良くし、わたしをより良い人間にしてくれる。レイチェル、エミリー、アンナ、ホープ。きみたちは、お母さんと同じような、思いやりのあるすばらし

い女性に成長してくれた。ちっちゃいロージーへ。そのかわい
らしい笑顔と優しい心をありがとう。きみを見ていると、孫が
できるほど年を取ったのだという現実を受け入れやすくなる。
ママ、あなたの前向きな性格と励ましの言葉は、50年前と同
じように今も効くね。メアリーとパパへ。いつまでも変わらぬ
愛情でそばにいてくれること、そして何であれわたしたちがや
ることをサポートしてくれてありがとう。わたしの名付け子の
キアとその家族へ。あなたたちのおかげで、わたしたち家族は
愛する力も、愛される力も高めることができた。神に栄光あ
れ！

ニック・リー

ティムやエリックをはじめとした、コーポレート・ビジョン
ズのみんなの熱意と好奇心に、この場を借りて感謝したい。こ
の数年間、今回を含めたさまざまな研究を彼らと共にできたこ
とは、本当に楽しくて勉強になった。特にティムはわたしと楽
しいコンビを組んでこの研究成果を発表する機会をくれたうえ
に、あらゆる作業をスムーズに進めてくれた。それからもちろ
ん、いつものようにすばらしく協力的な妻のローラにもお礼を
言いたい。ローラはいつもわたしに物事の良い面を見るよう促
し、今回のような刺激的で楽しい機会を逃すなと励ましてくれ
る。

ロブ・ペリレオン

　妻のジェシカにありがとうの言葉を。ジェシカはわたしのコーポレート・ビジョンズへの転職に賛成し、背中を押してくれた。これまでも、何度もきみはわたしがどうすれば幸せになれるかを、わたしよりもよく知っていた。以来、さまざまな方法で幾度となくわたしを支えてくれた。息子のジャスティンとエヴァンからは、人生で本当に大切なものは何かを毎回思い出させてもらい、感謝している。2人が成長してすぐれた人格を身につけるのを見て、わたしも夜ぐっすり眠れるようになった。もっとも、家では早寝する日はめったになかったが。エリックとティムには、そのリーダーシップ、ビジョン、信頼、さらにはコーポレート・ビジョンズ社（ＣＶＩ）を類い希な職場にしてくれたことに感謝している。また、コンサルティングチームとＣＶＩの優秀な同僚たちにもお礼を言わせてほしい。「すばらしい」というのは使い古された言葉だけど、みんなが設定したきわめて高い基準を表現するのに、これ以上ふさわしい言葉を思いつかない。最後に、キャリアの前半に出会った偉大なメンターたち——マーク、エリック、トム、トッド、グレッグ、ジム——にも謝意を表したい。

ジョー・コリンズ

　人生は旅だと思うなら、誰と一緒に歩くかがとても重要になる。20年以上にわたって、わたしには妻のトレイシー以上のパートナーなど思いつかない。彼女は家族の中心であり、わた

しの親友であり、みんなにとっての原動力でもある。いろいろやってくれてありがとう！　子どもたちのジョセフとリリアン、きみたちは本当にすごい。親として、わたしはしょっちゅう途方に暮れているのに、きみたちはおもしろくて、知的で、愉快なティーンエイジャーに成長した。大人になったらどんな道を進むのか、楽しみで待ちきれないよ。また、両親と姉妹のみんなにもありがとうと伝えたい。わたしが大人になるまで、みんなはこれ以上ないほどの楽しみ、サポート、熱狂、そして愛をくれた。わたしが自分の道を見つけられるよう手助けをしてくれたことも含めて、みんなに感謝している。ここで名前を挙げられなかった友人や家族にも、わたしがあなたたちを愛し、感謝していることを知っておいてほしい。

ダグ・ハットン

　わたしが各地のクライアントを訪問してはマイレージを貯めている間、家で落ちついて我慢強く待っていてくれる妻のカサンドラに、この場を借りてお礼の気持ちを伝えたい。子どもたちのアディソンとカーターは、わたしが新しいホワイトボードを試したり、クライアントのためにメッセージの練習するとき、何度も実験につき合ってくれた。共著者のみんなは、いつもわたしの思考を発展させよう、現状維持バイアスを克服させようと後押ししてくれた。そして、このグループのなかでパイロットを目指している者として、飛行操縦の教官であるハンター・ドリスコルにも謝意を伝えたい。最初にわたしからの依頼を引

き受けたとき、彼はどんなことに巻き込まれるのか想像もしなかっただろう。

レスリー・トールボット

　幸運にも、わたしは誰もが望むようなすばらしい家族のもとに生まれた。父には、すばらしい知恵とレジリエンスがある。そして、ベストを尽くせといつも励ましてくれたことに永遠に感謝している。姉妹のリズとリーは、長きにわたって愛とサポートをくれた。2人は一番身近で最高の親友だ。母にはすぐれた才気と決断力がある。母を思わない日はない。それからメンターであるエリックとティム、共著者たち、CVIのコンテンツチーム、特にリーフ・コーテ、ブレント・オーウッド、ミシェリーナ・ジョーンズ、ジャスティン・バリー、ジェシカ・ジマーマンにもお礼の気持ちを伝えたい。彼らは言葉と技術を駆使して、これらのアイデアにすばらしい生命を吹き込んでくれた。みんなと一緒に仕事ができることを光栄に思っている。

「カスタマーシェア向上」の型作りこそ営業組織が「いま」取るべき選択

株式会社リブ・コンサルティング
常務取締役　権田 和士

成熟市場における「新・営業の教科書」

　本書の初稿が届き、あとがきの構成を考えていたタイミングで、統括部署のコンサルタントから「A社との契約更新が難航しています。なぜかコンペになってしまいました」と営業報告があった。たしかA社はロイヤルクライアントで1期目の支援を大満足で終えたはずだった。コンサルタント本人に聞くと、「ご継続のタイミングでAI活用によるビジネスモデル変革を提案したところかなり心に響いた印象だったのですが……」とのことだった。そこで私は本書のことを思い出し、ピンときた。

　本編を読み終えた読者であれば、何が起きていたのかもうお気づきのことだろう。「変化を促すメッセージモデル」によって現職の強みを自ら打ち消し、その刺激的なメッセージが3社の競合他社を誘引していたのである。しかも継続提案時にその領域の推薦図書について尋ねられたのでご丁寧に書籍タイトルを伝えたところ、その書籍を執筆している会社が一番の競合相手となっていた、というおまけ付きである。

　ここで本書の出番である。早速コンサルタントに原稿を渡し、対応方針の転換を促した。「現状維持を促すメッセージモデル」に切り替え、クライアントとこれまでのお付き合いを振り返り、変化へのリスクやコストを訴求し、他社にひけをとらない進化を伝えることであらためて現職の強みを活かした。最

終的には、なんとかコンペに勝ってご継続を決断いただいた。担当コンサルタントがそのコンペ結果の報告を聞いたときにどれだけ安堵の表情を浮かべたか、営業経験者であれば想像に難くないだろう。

　この出来事を通じて、あらためて本書の威力を痛感することとなった。行動経済学に裏打ちされた膨大なアンケートで実証された４つのメッセージモデルと目的別に落とし込まれた詳細な営業トークは、たしかに反論の余地がないほどに完成されている。

　本書が巷に溢れる一般的な営業本と一線を画す理由は、時代のニーズに合致しているからだと考える。多くの書籍が「マーケット（市場）シェア」を上げるための顧客獲得手法を書いているのに対し、本書は「カスタマー（顧客）シェア」を上げるための顧客関係構築の具体的なノウハウをまとめている。そして成熟〜衰退化する現在の市場環境においては、カスタマーシェアの向上が最も売上インパクトが大きいのだから、多くのビジネスパーソンにとって「いま読むべき一冊」になったのではないだろうか。実際に「カスタマーシェア向上」について科学的実証に基づいてここまで体系的にまとめている書籍はお目にかかったことがない。

　本書が成熟期における営業や顧客対応のナレッジとして果た

す役割は大きく、あらためてすべての営業職やカスタマー・サクセス職の皆様にぜひ手にとっていただきたい一冊である。

「マーケットシェア向上」から
「カスタマーシェア向上」のセールス手法へ

『ストックセールス』と題した本書を受けて、いかにしてセールスを通じて顧客がストックされていくのかについて少し解釈を加えてみたいと思う。

　前述したように市場が成長フェーズにあるときには、マーケットシェアが重要指標となり競合とシェア率を奪い合うことになる。一方、シェア率と収益率への相関が下がってくることが2014年のBCGブルース・ヘンダーソン研究所が発表した分析結果でも明らかになっている。当該レポートによると「マーケットシェアでトップ3に名を連ねる企業が収益性においてもトップ3に入っている確率は1955年には35％だったのに対して、2013年にはわずか7％にまで下がっている」ということである。

　市場が成熟期に入るとカスタマーシェアが重要指標へと変わっていくことは周知の事実であるが、カスタマーシェア向上を目指した営業手法を標準化できている会社は多くない。日本が成長市場だったときの名残なのか、書店にずらっと並んでい

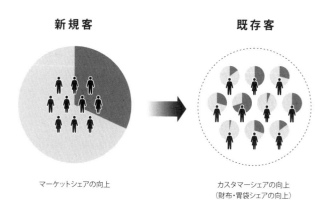

新規客 → **既存客**

マーケットシェアの向上

カスタマーシェアの向上
（財布・胃袋シェアの向上）

図　「マーケットシェア向上」から「カスタマーシェア向上」へ

るのは未だに顧客開拓の本である。

　マーケットシェア向上を目的とした営業活動と、カスタマーシェア向上を目的とした活動とでは、そのセールス手法もマーケティング手法もまったく異なるものであるが、現場では往々にして混同されている。マーケットシェア向上は商品管理型のアプローチになるので、セグメント別のマーケティングをし、パッケージ型のセールスを行い、商品ごとの利益を追いかけていく。一方、カスタマーシェア向上は顧客管理型のアプローチになるので、ABM（アカウントベースドマーケティング）をし、顧客内の人脈を辿りながらLTV（ライフタイムバリュー）を最大

化するような営業活動を行い、顧客ごとの利益を追いかけていく。

　昨今、デジタルマーケティングの隆盛により、ABMについては様々なところでナレッジを見聞きすることが増えた。MA（マーケティングオートメーション）のようなデジタルツールも広まり、CRM（カスタマーリレーションシップマネジメント）も格段と推進しやすくなった。一方、カスタマーシェアを上げるための具体的な営業の進め方についてはまだ普及しておらず、前近代的な対応を余儀なくされているのではないだろうか。

　ここに『ストックセールス』が、新たな営業の教科書として期待される所以がある。新規顧客の獲得からはじまり、いかにして顧客を維持し、関係性を発展させていくのか、という顧客管理型のアプローチが事細かに記載されており、メッセージモデルとともに具体的なトークスクリプトまで紹介されているのである。

　著者のエリック・ピーターソン氏が本編の最終章に「この本には、ベストプラクティスから得られた情報は書かれていない。その代わりに、世界中の何千人もの被験者を対象にしたたくさんの実験結果を学んだ」と述べているが、まさにその科学的実証法によって導き出された結論は特定の業界や商材を問わず、広範囲でカスタマーシェア向上に役立たせることができる。

「カスタマーシェア向上」のための
組織的な活用方法

　余計なおせっかいであることは重々承知ながら、本書は実践本として利用されることが想定されるので、明日からの営業現場での活用方法についても言及したい。

　本書は顧客とのシチュエーション別の最適なアプローチ方法をトークレベルまで掘り下げられていることで現場での具体的な活用が期待できる。各営業スタッフが顧客別の対応方法を実際に組み立てる上でのガイドブックとして秀逸である。

　ただし、顧客管理型アプローチを組織的に取り組むのであれば、実際の営業組織では上記のような個別アプローチ方法に加えて顧客ポートフォリオ全体での活動指針が求められる。つまり、各営業や営業チーム、営業拠点が担当している顧客群に対し、どの顧客にどれくらいのLTV向上を期待して、どれくらいの時間を割くのかという視点である。

　ここまで読み進めた読者諸氏はすでに営業現場での活用に向けて構想が広がっているところだと思うが、顧客ポートフォリオという観点もぜひその構想に付け加えることをお勧めしたい。

顧客とのステータス管理について営業任せになっている企業がほとんどだが、それだと属人的な対応となり、営業とクライアント担当者間における限定的な情報管理になってしまうリスクが高い。少しずつ営業現場での導入が進んでいる各種CRMツール利用によって、営業現場でのブラックボックスが可視化されることが期待されている。一方、CRMツールの入力では営業スタッフのバイアスが入ること、入力の手間を理由になかなか情報の更新がされないことに頭を悩ませている方は少なくないのではないだろうか。

　弊社では様々な方法を試行した結果、CS（顧客）アンケート取得によるステータス管理が最も効率的に狙った効果が得られる方法論だという結論に達した。2019年に弊社がBtoB商材を提供している1,000社に実施したサーベイによると「約75％の企業が定期、もしくは非定期でCSアンケートを実施している」ことが分かった。

　アンケート項目の中身を確認すると、顧客の総合満足度、営業担当者への満足度、商品・サービスへの満足度といった満足度を細かく確認するものが多かった。顧客満足度の把握はたしかに顧客の心理状況を把握する上では有効である。その心理状況を把握した上で、現状維持を促すべきか、発展を促すべきか、はたまた許しを請うメッセージを送るべきかの判断ができるのは大いに助けになる。

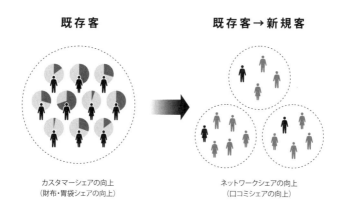

図　既存顧客の満足度を高め、ネットワークシェアの向上を目指す

　一方、それでは顧客のポテンシャルを把握することができない。カスタマーシェアはお財布シェアや胃袋シェアと言われるように、顧客のお財布や胃袋の大きさを把握できるような質問が必要である。前述した1,000社アンケートの結果によると、顧客の売上拡大余地を把握できるようなアンケート項目を取り入れている会社は、全体の18％にとどまった。さらに顧客管理型のアプローチにおいては、既存顧客の満足度を紹介活動にも活用することで、ネットワークシェア（口コミシェア）を向上させることが求められるが、紹介意向を確認するようなアンケート項目を取り入れている会社は全体の6％と少なかった。

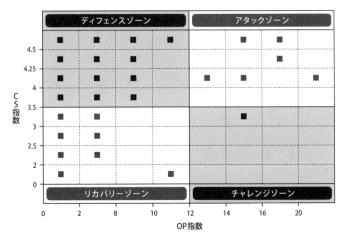

図　顧客ポートフォリオに合わせた顧客管理アプローチが求められる

　顧客ポートフォリオによる顧客の分類方法は各社各様ではあるが、大まかには「顧客の満足度」と「顧客のポテンシャル」の2軸で整理される。したがって、顧客アンケートにおいてもその2軸から設問を準備しなければステータス管理が正しくできない。弊社の取り組みでは、顧客満足度をCS指数、顧客ポテンシャルをOP指数として、それぞれの顧客を「アタックゾーン」「チャレンジゾーン」「ディフェンスゾーン」「リカバリーゾーン」と4つに分類し、そのゾーン分類に応じた優先順位付けをし、対応方法も分けている。

　優先順位については、①アタックゾーン、②チャレンジゾーン、③リカバリーゾーン、④ディフェンスゾーンという順でフォローアップするのが最も営業組織のパフォーマンスが高いことが分かっている。

　そしてゾーン別の対応方法についても、たとえば本書のメッセージモデルをあてはめると、アタックゾーンは「発展を促すメッセージ」や「値上げを納得させるメッセージ」を、リカバリーゾーンは「許しを請うメッセージ」といったように、顧客ポートフォリオに合わせた最適な顧客管理アプローチを選択していくことで、今後の組織的な営業力向上に役立つものとなるのではないだろうか。

結び：明日からの営業実践にむけて

　最後までお付き合いいただいたが、そろそろ『ストックセールス』も幕を閉じようと思う。

　神田昌典氏もまえがきで触れていたように、「新規顧客の獲得」と「既存顧客とのビジネス拡大」ではまったく逆のメカニズムが働く。現状維持バイアスを両面から考えればたしかに当たり前のことではあるが、実際には冒頭事例のように多くの営業はクライアントに新たな刺激を与え続け、見えないところで想定競合が作り出されているという可能性は否めないだろう。

261

市場の成熟期においては、新規ユーザーをいかに獲得してマーケットシェアを高めていくかという旧来の営業手法に加え、いかに顧客と継続した関係を築きLTVを向上させるかという手法がより求められてくる。

　『ストックセールス』はカスタマーシェア向上のための実践本として現場で活用され、成果創出されることが大いに期待できる。日本は多くの産業において市場縮小が見込まれる厳しい局面にあるが、本書の活用によって顧客との関係性が向上することで、売上が蓄積されていくようになれば、営業組織の未来も希望が持てる。

　実践本という性質から今後の組織的な活用事例についてもご紹介させていただいた。多くの営業組織で本書のノウハウが活用され、その成果事例が共有されていくことで、さらに磨かれていくような「学習のスパイラルアップ」が実現されていくことを期待したい。

Profile
日本語版監修者プロフィール

神田昌典（かんだ・まさのり）

経営コンサルタント・作家。アルマ・クリエイション株式会社 代表。リブ・グローバルマーケティングエックス（GMX）所長。世界最大級の読書会「リードフォーアクション」創設者。NPO法人「学修デザイナー協会」理事。

上智大学外国語学部卒。ニューヨーク大学経済学修士（MA）、ペンシルバニア大学ウォートンスクール経営学修士（MBA）取得。大学3年次に外交官試験合格、4年次より外務省経済局に勤務。その後、米国家電メーカー日本代表を経て経営コンサルタントとして独立。ビジネス分野のみならず、教育界でも精力的に活動している。

主な著書に『ストーリー思考』（ダイヤモンド社）、『成功者の告白』（講談社）、『非常識な成功法則』（フォレスト出版）、『なぜ春はこない？』（来夢氏との共著、実業之日本社）、翻訳監修書に『伝説のコピーライティング実践バイブル』（ダイヤモンド社）、『おもてなし幻想』『成約のコード』『隠れたキーマンを探せ！』『成功しなきゃ、おかしい』『「買収起業」完全マニュアル』（いずれも実業之日本社）など多数。

株式会社リブ・コンサルティング

ベンチャー企業や中堅・中小企業向けを中心とした経営コンサルティングを展開。

「成果創出」にこだわり、経営戦略からマーケティング・セールス、組織開発まで幅広いテーマで事業の発展、組織の変革を支援。海外への事業展開も積極的に行い、韓国、タイ、ベトナム、中国等でもコンサルティングを行っている。

代表・関厳氏による出版物『経営戦略としての紹介営業』（あさ出版）のほか、著書に『モンスター組織 停滞・混沌・沈没……8つの復活ストーリー』（実業之日本社）がある。また、『アクセル——デジタル時代の営業——最強の教科書』（祥伝社）、『おもてなし幻想 デジタル時代の顧客満足と収益の関係』『隠れたキーマンを探せ！ データが解明した最新B2B営業法』（いずれも実業之日本社）など神田昌典氏と共同翻訳監修で数多くの出版を手がけている。

翻訳者プロフィール

福井久美子（ふくい・くみこ）

英グラスゴー大学大学院英文学専攻修士課程修了。英会話講師、社内翻訳者を経て、フリーランス翻訳者に。『トラクション——ビジネスの手綱を握り直す 中小企業のシンプルイノベーション』（ビジネス教育出版社）、『PEAK PERFORMANCE 最強の成長術』（ダイヤモンド社）、『ハーバードのリーダーシップ講義』（CCCメディアハウス）など、訳書多数。

エリック・ピーターソン (Erik Peterson)

コーポレート・ビジョンズ株式会社、CEO

人間どうしのコミュニケーションを向上させることをライフワークに、コミュニケーション戦略が売り上げや販売プロセスに与える影響を科学的に研究している。数年前から「教授」と呼ばれるようになった。きっかけは、従来のセールスやマーケティングの調査をはるかに超えて、行動研究や他の分野から得た洞察を、コンプレックスセールスの成果主義の世界にあてはめたことだった。

コーポレート・ビジョンズのCEOとして、100人以上のプロのコンサルタントにコンサルティング方法を指導している。今や彼の教え子たちは、50か国以上でコーポレート・ビジョンズの研究成果を実践している。さらに『Conversations That Win the Complex Sale (コンプレックスセールスで成功する会話術)』や『The Three Value Conversations (顧客との会話で抑えておくべき3つのトピック)』(共に未邦訳)の共著者でもある。卓越した仕事しかやる価値はないと考える彼は、人々や組織を到達できそうにない高みへ押し上げようと、精力的に働いている。

ティム・リーステラー (Tim Riesterer)

コーポレート・ビジョンズ株式会社、CSO

企業が見込み顧客や既存顧客とより実りの多い会話ができるよう、キャリアを通して尽力してきた。意思決定の科学に関する実際の調査に基づいて、これまでにこの分野の本を3冊共同で執筆している —— 『Customer Message Management (カスタマー・メッセージ・マネジメント)』、『Conversations That Win the Complex Sale (コンプレックスセールスで成功する会話術)』、『The Three Value Conversations (顧客との会話で抑えておくべき3つのトピック)』(すべて未邦訳)。研究者、作家、講演家として活躍するだけでなく、コンサルタントとして、顧客との会話で思い通りの結果を得るには何をどう話せばいいかも指導している。

ニック・リー (Nick Lee, HLMAM FHEA FAPS)

ウォーリック・ビジネス・スクール教授 (専門はマーケティング)

2003年にアストン大学 (イギリス) で博士号を取得。現在は、ウォーリック・ビジネス・スクールの教授としてマーケティングを研究している。研究テーマは販売管理、社会心理学、認知神経科学、研究方法論、および科学哲学。2008年～2018年まで『ヨーロピアン・ジャーナル・オブ・マーケティング』誌の編集者を務め、現在は『ジャーナル・オブ・パーソナル・セリング・アンド・セールス・マネジメント』誌の新任編集長として業務にあたっている。2016年、アソシエーション・オブ・プロフェッショナル・セールスから営業職に対する多大な貢献を認められ、同団体の名誉会員に選ばれた。また、革新的な営業方法やリーダーシップ育成を行う数多くの企業で、戦略的アドバイザーを務めている。

2009年、マーケティングの研究者としては異例の若さで正教授に任命され、同年の『ロンドン・タイムズ』紙が「未来を形作る15人の科学者の1人」として紹介。2017年には、マーケティング研究における長年の優秀な業績が認められ、マーケティング学会から名誉終身会員の称号を授与された。彼の研究は数多くの賞を受賞している。

ロブ・ペリレオン (Rob Perrilleon)

コーポレート・ビジョンズ株式会社、デリバリー・サービス、SVP

ジョー・コリンズ (Joe Collins)

コーポレート・ビジョンズ株式会社、ファシリテーション・コンサルタント

ダグ・ハットン (Doug Hutton)

コーポレート・ビジョンズ株式会社、トレーニング・サービス、VP

レスリー・トールボット (Leslie Talbot)

コーポレート・ビジョンズ株式会社、カスタマー・アンド・コマーシャル・エクセレンス、VP

デジタル時代の最強ノウハウ

MA（マーケティングオートメーション）×インサイドセールス＝成約の暗号（コード）。あらゆるデジタル手法と、人間的な営業をつなぐプロセスを全公開！ 数値だけが問われる営業現場で、どのような顧客とのやりとりが結果につながるのかを見極めてきた著者が、膨大な実体験をベースに、成約率を確実に高める具体的ノウハウを伝授する。

成約のコード
デジタルツールと営業現場を連動する最強ノウハウ

クリス・スミス　著

神田昌典　監訳

齋藤慎子　訳

四六判上製　定価：（本体1,850円＋税）
実業之日本社

データが解明した 最新 B2B 営業法

全米40万部、10か国で刊行のセールス・バイブル、待望の続編。「B2B営業ほど誤解されている営業はない。その点について重要な視点をくれる本がようやく出た」（セス・ゴーディン）。「質の高い徹底した調査で、マーケターがたどるべき道を指し示す。顧客を理解し、価値をもたらし、成約を勝ち取るための優れた指南書だ」（ダニエル・ピンク）。

隠れたキーマンを探せ！
データが解明した最新B2B営業法

ブレント・アダムソン／マシュー・ディクソン／パット・スペナー／ニック・トーマン　共著
神田昌典／リブ・コンサルティング　日本語版監修
三木俊哉　訳

四六判上製　定価：（本体2,000円＋税）
実業之日本社

DX時代の
新成長マニュアル

あのセールスフォースを年商5億から100億に育てた著者による、デジタル時代における最強の成長マニュアル。デジタル変革に取り組む、すべての経営者、ビジネスマン、必読！ この本を読めば、数カ月後の売上を、高い精度で予測可能な事業モデルを作ることができる。企業変革を成功に導き、新しいビジネスモデルづくりの成長を加速させる。

成功しなきゃ、おかしい
「予測できる売上」をつくる技術

ジェイソン・レムキン／アーロン・ロス　著
神田昌典　日本語版監修
齋藤慎子　訳

四六判上製　定価：（本体2,200円＋税）
実業之日本社

これまでのデジタル変革は、遠回りだった!

本書の内容に真剣に取り組めば、その成果は、ベテラン・マーケッターがあげる結果をも余裕で超えてしまうだろう。顧客からよく聞かれることに対して、オンライン上に「答え＝コンテンツ」を作っておくだけで、勝手に集客ができてしまう「増客マシーンの作り方」の道筋が詳細に書かれた、画期的なマーケティング本!

世界一シンプルな増客マシーンの作り方
普段のシゴトをしているだけで勝手に顧客がやってくる!

マーカス・シェリダン　著
神田昌典　日本語版監修
齋藤慎子　訳

四六判上製　定価：（本体2,000円＋税）
実業之日本社

あなたは「リッチ」か、それとも「キング」か?

起業家には2つのタイプがある。「リッチ」と「キング」だ。リッチとは、富の最大化を目指すタイプ。キングとは、経営コントロールを維持し続けるタイプ。もし、あなたが「富もコントロールも、どちらも欲しい」という野心家なら、本書の翻訳を待った甲斐がある。本書では第3の道——「買収起業家」になるために必要な全プロセスを大公開する!

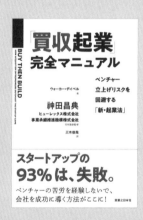

「買収起業」完全マニュアル
ベンチャー立ち上げリスクを回避する「新・起業法」

ウォーカー・デイベル　著

神田昌典／ヒューレックス株式会社／事業承継推進機構株式会社　日本語版監修

三木俊哉　訳

四六判上製　定価:(本体2,000円+税)
実業之日本社

ストックセールス

顧客が雪だるま式に増えていく
「4つのメッセージモデル」

2021年 7月15日　初版第1刷発行

著　者	エリック・ピーターソン、ティム・リーステラー
日本語版 監修者	神田昌典、株式会社リブ・コンサルティング
訳　者	福井久美子
翻訳協力	株式会社トランネット(www.trannet.co.jp)
発行者	岩野裕一
発行所	株式会社実業之日本社

〒107-0062
東京都港区南青山5-4-30
CoSTUME NATIONAL Aoyama Complex 2F

電話03-6809-0452(編集部)
　　 03-6809-0495(販売部)
URL https://www.j-n.co.jp/

印刷・製本	大日本印刷株式会社

ブックデザイン ＤＴＰ組版	清原一隆(KIYO DESIGN)
編　集	大串喜子(実業之日本社)

ISBN978-4-408-33981-8(新企画)
日本語版©Jitsugyo no Nihon Sha,Ltd. 2021 Printed in Japan